Pardonnez-SWALU IK.

Souvenirs d'Une Enfance Crevassée

Pardonnez-SWALU IK.

Souvenirs d'Une Enfance Crevassée

Les Effets néfastes de ma famille disloquée

Éditions Muse

Imprint

Cover image: www.ingimage.com

Publisher:
Éditions Muse
is a trademark of
Dodo Books Indian Ocean Ltd. and OmniScriptum S.R.L publishing group

120 High Road, East Finchley, London, N2 9ED, United Kingdom
Str. Armeneasca 28/1, office 1, Chisinau MD-2012, Republic of Moldova, Europe
Printed at: see last page
ISBN: 978-620-4-96258-0

Pardonnez SWALU IK.

SOUVENIRS d'une Enfance

CREVASEE

Les Effets néfastes de ma famille disloquée

Autobiographie

Remerciements

A Samuel IKOMBA SWALU, mon père : Je vous dis merci pour vos sages conseils qui m'ont toujours orientés à faire un bon jugement du vrai et du faux. Sans vous, je ne serais point connu aujourd'hui de toutes les façons. Veillez donc agréer ici père, l'expression de ma profonde gratitude.

A Dorothée NDENDO MATATUNU, ma précieuse mère qui pilota droit mes yeux aux paradoxes terrestres : pour votre amour inconditionnel, vos batailles ardentes, vos motivations remémorées ainsi que vos conseils inspirés qui ont été d'un côté l'un des facteurs majeurs dans la structure de ce présent bouquin, certes les mots ne suffiront point pour vous prouver ma franche gratitude. Mais sincèrement, je vous dis : grand merci.

A Michée MATONDO MANZAMBI, mon frère : je dis grand merci pour toutes ces décennies, tes conseils motivants, et pour mon instruction également qui te fut un *«devoir»*. Aujourd'hui, je te dédie spécialement ce bouquin pour te prouver en partie ma nette gratitude.

A Kevin NGISAKIESE, mon frère : merci pour ton soutien sur divers plans, mais aussi ces débats tendus en permanence qui par la suite nous affermissent dans le Seigneur.

A Charita IKOMBA, Mardochée KHAMA, Keren MUNONGO, Précieux LANDA, Ephraïm LANDA, merci pour votre compagnie. J'apprécie profondément chacun de vous.

A Becky et Exaucée KINKETE : merci pour vos encouragements, votre patience dans mes errements. Surtout, d'être une famille.

A Jemima MAYAMBA MAYITUKA, ma confidente : De nos jours, il est extrêmement pénible de trouver une personne oblative, tendre, si compréhensive et digne de confiance comme toi. Ne laissant donc pas inaperçues tes nombreux services que tu me rends en permanence, d'avoir cru en moi dans mes heures les plus obscures et d'être ma grande supporteuse, je te dis grandement merci.

Ma profonde gratitude à mon Éditrice, madame Natalia COJOCAR qui a assuré l'Édition de ce livre. Votre disponibilité et votre rigueur me restent un souvenir inoubliable dans ma mémoire.

A Dorcas BARAKA, Prince MUBAKE, qui ont fourni tant d'efforts pour assurer quasiment ma formation dans ce domaine: un grand merci à vous pour vos orientations qui m'ont hissées encore plus haut dans ce domaine.

A Ismaël ASOMBA, Jonathan LEMBI, Peter MPAKA, Caleb IDIMA, mes amis les plus remarquables : je dis un grand merci pour vos motivations, conseils, aides sur tous les plans et votre apport sous plusieurs aspects dans ce projet dont vous étiez d'une importance majeure.

A toute personne ayant contribuée d'une manière ou d'une autre dans la mise en œuvre de ce présent bouquin, fruit de nos collectifs efforts dont le nom n'est pas cité, y trouve aussi l'expression de mes pleines reconnaissances.

Enfin, à tous ceux qui mènent des batailles justes, propulsant la moralité, prônant l'unité et préservant l'authenticité de la *«première»* de toutes les institutions qui est d'ailleurs la maternité de la régression ainsi que de la progression humaine, honorablement je dédie mon œuvre.

***

Introduction

«Le hasard n'existe pas,
tout est pré-établi, pré-conçu,
minutieusement élaboré.»

Mazouz HACÈNE
Médecin généraliste Algérien 1967-

Souvenirs d'Une Enfance Crevassée est subdivisé en deux grandes parties. La première partie parle de mon autobiographie. Et là nous trouvons dans un premier temps les chapitres les plus marquants de ma vie.

Puis dans un second temps, nous trouvons aussi la genèse de ce grand événement funeste inspirant une émotion intense, et qui par la suite viendra malheureusement immerger cette modeste famille polygamique dans une décadence totale.

Je voulais dire qu'il y'en a huit, mais je préfère dire qu'il y'en a sept plus un. Il y'a sept chapitres avant tout, plus un chapitre exclusif que vous allez probablement découvrir au fil de votre lecture.

De plus, lorsque nous terminons cette première partie, vient alors la seconde partie qui portera sur la question de la délinquance juvénile. Ce sujet très pertinent qui resta depuis la nuit des temps au cœur des multiples débats, mais dont malheureusement ils n'ont guère trouvé la solution.

Premièrement, je vais mettre de l'éclairage sur les vrais causes où agents causals de ce phénomène, enfin de vous montrer combien aujourd'hui la paix familiale devrait absolument être une prophylaxie préventive pour les jeunes, étant donné qu'hormis ceci tous et particulièrement les parents devons-nous rendre compte qu'il n'y a pas un autre asile pour ces derniers contre les assauts du temps.

Deuxièmement, je vous suggérerai des solutions qui nous permettront de procéder à l'éradication de cette pandémie mortelle ravageant quasiment toute l'étendue globale. Ceci, pour l'édification d'un monde parfaitement meilleur.

En d'autres termes, un monde qui ne connaîtrait plus de turbulences familiales, et d'où les valeurs morales prôneront désormais et nos jeunes ne seront plus finalement exposé aux assauts du temps.

Enfin, voilà donc dans l'ensemble le fond de ce petit livre à la fois autobiographie et enseignement.

Pardonnez SWALU
«Un lampadaire dans l'ombre opaque»

***

Une Enfance Crevassée
1.

Tout commença dans un des coins les plus reculés de la terre. L'histoire rapporte que sa vie commença le quatre février l'an deux-mille vingt-trois. Il est né en deux-mille. Je vous laisse sur ce suspens faire le calcul. Il avait vingt-trois ans. Cette nuit-là le ciel était serein et parsemé d'étoiles qui s'allumaient au firmament. Puis, la lune répandait aussi une vive lumière. Cependant, une ambiance hivernale animait le lieu. Tout le monde semblait vraiment être dans une extrême affliction en raison de tous ces gémissements, mais également des cris languissants répétitifs qui provenaient de cette hutte éclairée par la lumière jaunâtre des lampes tempêtes là-haut dans la montagne d'un petit village appelé *Kianika.*

Visiblement, une profonde amertume envahissait leurs visages. Certains, leurs yeux semblaient quasiment perdre sommeil. Ils s'éclairaient et emplissaient des larmes par la suite. Les uns trémoussaient d'un endroit à un autre, et les autres se regroupèrent sous un arbre attendant impatiemment la suite de cette scène maussade. Dans ces conditions, la sueur perlait plantureusement sur leurs visages malgré la fraicheur nocturne.

Ces cris étaient forts, très fort même au point où le son de sa voix retentissait des échos dans toute la montagne. C'était ces instants d'où l'on ressentait toutes les douleurs existantes, dit-on. Quelques instants plus tard, de ces cris et gémissements amers récurent l'on pouvait finalement entendre les pleurs chevrotants d'un petit bébé à quatre heures du matin. Aussitôt que leur furent annoncé la bonne nouvelle, ils se mirent tous dans une alacrité et furent des ovations tonitruantes. De même, les uns sautillaient ici et là en entonnant des chants aborigènes, s'embrassaient mutuellement et poussaient des grands cris de joie comme les israélites après l'écroulement du mur de Jéricho.

Entre-temps, d'un autre côté les autres à genoux rendaient grâce à Dieu par des cantiques et des supplications. Sans doute, suite à ces tumultes les gens des villages voisins crurent qu'ils s'agissaient d'une succession de royauté ou alors la naissance d'un petit prince. C'était *moi.* Une bénédiction fus-je parait-il pour mes parents, mais aussi l'incarnation de la paix pour les nombrables secousses telluriques qu'ils eurent autrefois dans la phase de leur union. D'où, le pourquoi de mon prénom, Pardonnez.

***

Des années passèrent...Plusieurs décennies plus tard après qu'il eût parachevé ses études supérieures, mon père occuperait le poste du chef d'établissement dans un des instituts cartonnant de la région. *Imaku* fut son nom. Et ma mère une enseignante. Des professions honorifiques à l'époque qui incarnaient la grandeur, le savoir, le respect et la crainte.

Ma mère naturellement fut créative, battante, courageuse, ambitieuse et savait réellement sa direction. Avant toute chose, je me dois de préciser en toute certitude qu'elle était également d'une importance majeure pour la survie et le bien être de toute cette modeste famille polygamique. Vous le découvrirez à fond dans les lignes qui suivent. Une femme de fort de caractère dont tout le monde craignait en raison de sa haute personnalité. Malheureusement opiniâtre[1].

Par contre, mon père lui à son tour avait des épaules taillées, vigoureux, et presque chauve. Il avait également des lèvres entouraient de petites moustaches. Outre cela, son attitude autoritaire s'apercevait dans sa manière de s'exprimer, mais également de juger les choses au-delà des attentes des autres. Il était très particulier presqu'en tout. C'était l'un des chefs d'établissements les plus renommés et des hommes forts que je connaissais parmi tant d'autres à son genre. Par exemple, je me souviens que très souvent quant-il voulait manger ou venait de faire un travail quelconque, il retroussait les manches de sa chemise pour se laver les mains. Puis, dans un coin, je pouvais contempler à peine ses bras musclés.

Aussi, il travaillait sans relâche pour assurer notre éducation et nous contraignait constamment d'étudié scrupuleusement afin que chacun se réalise et devienne utile au futur, sous prétexte que les études étaient notre seul avenir. Puis, suite aux multiples mutations d'un village lointain à un autre comme le peuple nomade, nous nous retrouverons ainsi à *Kazembi.* Un petit village sur la plaine boisée et sablonneuse entouré de part et d'autre par des rivières, des savanes herbeuses et des forets humides.

En vrai, nous étions pauvres. Mais je ne me permettrais pas de dire que nous l'étions autant plus que les restantes familles du village, pour n'est pas dire de la contrée car, à cette époque et plus particulièrement dans mon village nous étions l'une de celles qui vivaient presque paisiblement.

De mon point de vue, notre maison n'était qu'une cabane qui aurait mieux servit de grenier de nos jours. Elle n'avait pas de tapis, ni d'ailleurs une fenêtre. C'était juste une petite baie sous forme de lucarne posée dans le mur et que nous ouvrons habituellement le jour. Outre ça, elle n'avait même pas un plancher de bois. Cependant, nous colmatâmes à sa place une grande quantité de

---

[1] *Se dit d'une personne souvent inébranlable dans ses résolutions*

terre nivelée en un niveau précis. Et au salon se trouvaient trois chaises et une petite table en bois qui nous servait un peu de tout.

Naturellement, en Afrique antique les hommes épousaient une marée des femmes et ils en faisaient une évidence de la richesse. Mon père figurait aussi sur la liste de ce genre d'hommes jadis avant qu'ils ne reçoivent tous au fil du temps l'évangile divin et le message de l'heure apporté par un envoyé spécial de Dieu pour notre ère au travers d'un frère fermier.

Papa Alain, s'appelait-il. Un entrepreneur de renom à l'époque qui pratiquait l'élevage, l'agriculture et avait aussi plusieurs fermes de bœufs à divers endroits de notre territoire et dont l'une se situait à l'extrémité de notre village au crépuscule d'où-t-il vivait paisiblement avec sa petite et harmonieuse famille.

Au-delà de ses richesses matérielles, cet homme de la troisième génération à la taille moyenne abritait sous son toit des splendides jumelles. On peut dire qu'elles étaient nul doute la perfection incarnée. Chacune d'elles jouissait d'une silhouette troublante occultée dans une peau juvénile quasiment brune et velue à tel point que leur moindre apparition à la cité mettait nos aînés dans une ultime agitation.

Par ailleurs, les enseignements et doctrines fermes de ce messager fondées strictement sur les saintes écritures bibliques montraient lucidement sur toute la ligne que seul Jésus-Christ était le véritable Dieu manifesté dans la chair humaine. Il ajoutait aussi incessamment que seules la foi et le baptême par immersion en son nom étaient la seule voie véridique pourvue en ces derniers jours pour la repentance des péchés ainsi que l'assurance d'une existence éternelle.

De ce fait, sa foi était si inexorable qu'il approuvait constamment que ce messager était réellement un prophète de Dieu venu avec un message puissant. Un message de la restauration qui préparerait l'épouse de Christ à l'enlèvement avant que le jugement ne tombe sur l'humanité comme prédit dans la dernière épitre de Malachie. De plus, par sa vie particulière qui a été marquée par des nombrables phénomènes surnaturels récursifs tels que : les visions, prophéties qui se sont toujours accomplies parfaitement, les guérisons divines, le discernement de secrets des cœurs des gens ainsi que la résurrection des morts à la vie. Conséquemment, ma famille finira par s'y convertir dans la durée…

***

Le temps passait vite et les années s'évadaient. Vers fin juillet deux mille sept, je terminais la troisième primaire pour embrasser la quatrième. Et étant donné que notre village ne disposait pas d'école primaire, nous fûmes donc inscrites moi et mes consanguins dans la seule qui se trouvait à environ trois kilomètres de là. De coutume, le soleil matinal flamboyait fortement à travers les gigantesques nuages qui tapissaient l'horizon. Vert le versant Est du petit village d'où se situait l'école, le matin semblait être hésitant malgré la levée de l'astre radieux du jour.

Munsanga, un petit village sur la plaine boisée et giboyeuse entouré de part et d'autre par des chaines des collines, englobait le max des activités suffisamment importantes du secteur. Il se trouvait à une trentaine des minutes de la rivière *Twona* qui le servait de frontière avec notre village. Spécifiquement, quelques maisons y furent construites en matériaux durables et couvertes des tôles. Par contre, majoritairement étaient construites et couvertes en paille y compris tous les locaux de mon école. Cette école qui me forma. Elle se situait à l'extrémité du village au bord du sentier conduisant aux champs.

Des maisons se jalonnaient le long de la route régionale et fûtes éloignées d'une dizaine de mètres les unes des autres. A côté de la maison du chef de secteur, en diagonale de mon école, se trouvait un énorme eucalyptus dont l'ombrage servait de salle de conférence d'où siégeaient les sages du village ainsi que ceux des alentours. Et s'y déroulaient également les palabres de tout genre.

Puis, de l'autre côté de la route se trouvait pareillement un gigantesque manguier d'où se proclamaient nos résultats à la fin d'année. C'est-à-dire qu'on nous regroupait au même endroit comme des joueurs de football dans le vestiaire devant le coach. Nos parents, nos ainés, les gens du village ainsi que ceux d'autres villages limitrophes nous entouraient.

En effet, à l'appel de son nom, chacun se tenait debout sous les acclamations prolongées des spectateurs et était embrasser par ses siens. J'avoue que cette pratique nous stimulait de bosser durement pour n'est pas revêtir d'opprobre ses parents à la fin de la course. En ce jour caniculaire bon pour les uns et mauvais pour les autres, chaque parent se sentait fier, extrêmement fier d'accompagner son enfant.

Ensuite, une sorte de bureau du jury composait de plusieurs de nos maitres s'installait et l'affaire débutait finalement. Je transpirai à grande goutte. Sous ce florilège des cris, chants autochtones, danses folkloriques et regards des gens, je palpitais et mon cœur battait si fort on dirait que la mort venait à ma rencontre.

Donc, après que les noms de ceux qui se relevaient, veut dire les vainqueurs furent appeler, malheureusement ceux qui restaient assisse pleuraient amèrement sachant qu'ils ont échoués. Conséquemment, il n'y avait aucun moyen pour les consolés en ce moment-là.

En revanche, les uns en retour recevaient des gifles éblouissantes et se faisaient asséner publiquement des coups de poings par leurs parents. Ils les trimballaient aussi par terre comme des porcs jusqu'à ce qu'ils les fassent saigné. D'où, il fallait donc l'intervention des gens forts pour tirer mes collègues des aisselles et des gros bras musclés de leurs pères dû aux travaux laborieux des champs.

Certes, certains d'entre eux étaient déterminer de les achevés une bonne fois pour toute puisqu'ils les ont mouillé de honte. Pourtant, de l'autre côté les autres se cramponnaient et se fondraient en larmes aux pieds de leurs parents sollicitant ainsi leur réconfort. Comme c'était émouvant d'échouer. Mais peu importe combien cela pouvait être douloureux, le seul moyen pour se dépouiller de cette opprobre n'était rien d'autre que le travail. Oui, le travail ! Puisqu'il assure toujours une suite satisfaisante.

Il était à environ trois kilomètres de chez nous et il fallait habituellement nous réveiller le très tôt matin et trottiné pour n'est pas y arrivé en retard. Hormis les miens, il y'avait aussi d'autres enfants du village qui se joignaient à nous, et finalement nous faisions route ensemble dans une très bonne ambiance amicale. Pour y arriver à temps, j'avais une jante de vélo que l'un des collègues à ma mère m'avait offert. En fait, c'était un cercle qui composait la périphérie d'une roue de vélo.

Puis, chaque matin nous nous regroupons à l'endroit de rencontre de bonne heure. Ceux qui en avaient, nous nouons les extrémités de nos chemises, puis je la roulais à l'aide d'un petit morceau de bois. Au cri de commandement, nous courons tous au même moment en poussant des grands cris et ténorisons nos chants vernaculaires jusqu'à ce que nous arrivions au terminus.

Le long de la route sablonneuse se faisaient entendre lointain l'engloutissement des affluents qui se déversaient en grande quantité dans les grandes eaux, les coassements des crapauds, les bruits de voix des laboureurs des champs, ainsi que les gazouillements des oiseaux. De part et d'autres des arbres rabougris et certains déracinés par une violente perturbation atmosphérique encombraient la route. Certains flottaient de toutes leurs forces rependant un vent froid.

De part et d'autre la rosée encombrait la route. Et de bout à l'autre, elle fut couverte par des épais brouillards qui baignaient quasiment tout le paysage naturel. Cette voie régionale sablonneuse entourée de part et d'autre par des monticules de sables, malheureusement n'était plus carrossable pour les camions à faible traction au risque de s'embourber.

De surcroît, non seulement cette jante nous permettait d'arriver à temps à l'école et échappé à la punition, mais elle nous aidait aussi de gravir rapidement la colline et éviter la bise. Peu d'élèves portaient complètement la tenue exigée à l'école suite à l'insuffisance financière des parents. L'insuffisance financière de ces parents faisait que leurs enfants manquaient la tenue d'école et même certaines matérielles didactiques.

Lorsqu'il s'agissait d'un travail manuel par exemple, plusieurs d'entre eux apportaient les cosettes de manioc, les courges, les cacahuètes et même les poissons salés puisque l'activité principale de ces derniers était plus la pèche ou encore les champs. Et plusieurs aussi d'entre eux ne faisaient absolument rien et n'allaient nulle part malgré le village. C'étaient des *«molu*[2]*»*.

Pour cette raison, ils portaient seulement leurs tenues de la maison, et parfois pieds nus. Majoritairement n'avaient même pas de sacs ou ils pouvaient mettre leurs manuels scolaires en vue de les préservés contre les intempéries. Ils les portaient dans des sachets de sucre provenant de *Kwilu-Ngongo*[3]. Par contre, nous nous menions une vie moyennement posée, car notre père se privait des choses subalternes et faisait en sorte que nous paraissions différents d'autres enfants étant donné qu'il occupé un grand poste dans cette contrée d'où-t-il avait aussi du renom.

En réalité, durant ces temps notre modeste famille vivait en harmonie et jouissait d'une tranquillité imperturbable. Tout semblait rouler frugalement peu importe les turpitudes que l'on fait face au jour le jour dans une famille polygamique.

Malheureusement, quelques années plus tard je vivrais un événement tragique quand j'eu environ huit ans. Un événement qui me sombrerait plus tard dans un embarras total. Désormais, ma famille qui fut autrefois un exemple positif, une référence, un panneau publicitaire pour tant d'autres familles environnantes et qui fut également construite sur un solide fondement d'amour connaitrait un moment ballotant qui la ferait totalement naufrage.
Dès ce moment-là, un foyer où il ne faisait plus l'Azur…

---

[2] *Se dit d'une personne paresseuse en dialecte yaka*
[3] *Usine de sucrerie située dans la province Kongo-Central*

***

Matin Impétueux
2.

«De mon point de vue, je suis persuadé que les enfants sont absolument la copie conforme de toutes les actions que nous posons au quotidien. D'où, personnellement je penses qu'il est extrêmement nécessaire que ceux qui se disent éducateurs fassent attention à leur routine, étant donné que le devenir de ces derniers ne sera rien d'autre qu'une combinaison des éléments vu et entendu d'eux.»

L'an deux milles huit…Il était environ sept heures du matin. J'avais huit ans environ en ce temps-là et je vivais paisiblement à la campagne avec ma toute famille, quand soudainement un vent impétueux dévasta ma famille de son solide fondement et l'ébranla dans les airs.

En effet, mon père avait un jeune frère qui résidait autrefois à *Minkawo*, une région reculée de la *N'sele* qui est l'une des vastes communes de Kinshasa, la capitale et ayant une superficie d'environ 898.78Km2. C'était le genre de type libre qui faisait partir un peu de tout vu qu'il n'avait pas de profession assidue et qu'on appelle communément *«T.T*[4]*»* de nos jours.

Pour cette raison, il viendra trouver bredouille l'un de ses frères ainés au village, donc mon père, après qu'il y passé là près de deux à trois décennies pour n'est rien accomplir de paradoxal.

Le problème…Jadis, mon père œuvrant en complicité avec ma mère acheta un terrain d'environ un hectare dans cette région d'où vivait ce dernier. Cela, dans le but qu'il construise un jour et installe sa petite famille que nous fûmes. Mais étant donné que ma mère avait les notions nécessaires dans ce domaine et qu'elle était aussi en mesure d'assumer diverses tâches importantes, donc mon père lui confia également celle-ci en toute confiance et certitude qu'elle réussirait.

Certes, mon père ne s'était pas tromper. Hélas ! Une marque d'estime dont les autres n'avaient point validée. Subséquemment, cela donnera plus tard naissance à la haine et la jalousie. Ça serait là alors le prodrome[5] du déclin. Par

---

[4] *Tous travaux*
[5] *Fait qui présage un évènement futur*

contre, au retour des multiples voyages qu'elle effectuait perpétuellement à Kinshasa, elle faisait de son mieux pour que les deux maisons ne galèrent pas.

Puis, elle partageait tout équitablement en présence de tout le monde, même certains articles qu'elle achetait à la sueur de son front avec sa petite rémunération mensuelle, notamment : sucres, sel, médicaments, vêtements, poissons salés et autres.

Naturellement, elle n'approuvait guère d'indifférence envers mes ainés car, chez elle nous bénéficions du même amour et étions tous au même degré d'égalité.

Ainsi, voyant donc combien mon père inspirait tant confiance à ma mère pour ses louables accomplissements, le petit frère à mon père, visiblement un prédateur qui pragmatiquement son apport n'avait pas de place dans cette affaire parcellaire n'en serait pas content. Par malheur, il éclata une conspiration contre ma mère avec certaines personnes naturellement vindicatives et sadiques. Partant de ce fait, ils allèrent influencer fallacieusement mon père afin qu'il ravisse tous les documents que possédait ma mère, sous prétexte qu'elle s'emparerait.

Ça prit un peu des temps que mon père visiblement n'en tenait vraiment plus compte puisque sa femme lui semblait digne de confiance sur toute la ligne. Alors, ces derniers n'étant donc pas d'accord à sa réserve ou disons une sorte d'hypocrisie, reflétant l'innocence comme ces grands tueurs dont le monde n'a jamais connu dans le film d'Alcatraz, mais pourtant l'Hitler de l'affaire, c'est ainsi que son petit frère trépignant d'impatience en déciderait autrement de façon cruelle. Très cruelle.

Ce fut alors le pire moment dont nous n'avions jamais vécu autrefois. Ce matin-là, de gré ou de force ma mère devait impérativement céder ces documents puisqu'il n'était que face à une seule alternative, disait-il en graissant ses dents : Les documents ou mettre fin à son existence.

D'un autre côté, pendant que la zizanie faisait rage dans la cours, ses coéquipiers jouaient l'ironie de n'est pas en être content. Pourtant, c'était un plan bien structuré depuis la nuit des temps. Puis juste après, c'est le petit frère à mon père qui fera incursion avec une machette bien limée à la main et dont les deux tranchants étincelaient à la moindre frappe des rayons solaires.

En vrai, je ne suis pas prêt d'oublier cette scène cocasse à laquelle j'assistai ce matin-là de mes propres yeux. Si quelqu'un d'autre m'en avait parlé, je ne lui croirais peut-être pas. Or, dans mon ethnie on approuvait un maximum de respect à sa belle-sœur peu importe qu'elle soit plus ou moins âgée que soi car, elle incarnait désormais son grand frère. Sur ce, elle devait absolument jouir de la même considération et du même degré de respect dont vous accordiez à votre grand frère. Mais dommage, ce matin-là ce principe ancestral fut lamentablement transgressé.

Il était naturellement coléreux et prêt à tout faire. Sur le champ, ses lèvres se retroussèrent et ses joues étaient écarlates de fureur. Une tension inhabituelle lui siégea à l'instant même et finalement tout son corps commençait à trembloter. Ma mère ostensiblement avait de la peine à retrouver un seul mot. Soudain, nous fondîmes dans la terreur et répandîmes un torrent de larmes. Au comble de cette terreur qui nous animait, j'eu l'impression que mon petit cœur avait illico changé son battement ordinaire. Il battait si vite à se rompre, et mes fonctions vitales semblaient aussi n'est plus être en action. C'était le drame le plus pathétique que je n'ai jamais vécu. Je criais à tue-tête et pleurais comme une fontaine d'eau en versant des larmes intarissables. De plus, je frémissais fortement.

Cette violente discussion pelotonnait une foultitude des gens aux alentours de notre enclos à chaque tierce, seconde et minute qui passait puisque les bruits patrouillaient d'une maison à une autre. Les passagers et les gens qui ne connaissaient rien de l'affaire auraient même cru que l'un de nous est traversé sur l'autre rive. Ma mère voyant ainsi cette cruauté que lui faisait son supposé beau-frère et qu'il n'y avait personne à son secours, elle finit par céder amèrement ces documents et tout devenu finalement à leur possession comme prévu.

Dès ce moment-là, une nouvelle page sombre de notre existence s'ouvrît ! On ne passait plus deux mois sans qu'il y ait des querelles. Malheureusement, c'était toujours ma mère qui fut la mauvaise, l'aigrie et celle qui engendrait inlassablement les troubles. Désormais, elle qui fut autrefois la mère salvatrice de cette modeste famille polygamique deviendrait porteuse de toutes les casquettes factices existantes. Véridiquement, j'étais tout ce qui lui était resté de plus précieux et l'objet même de sa consolation.

Ensuite, au fil du temps ils vendront furtivement cette parcelle pour laquelle elle a tant souffert et elle en sorta totalement bredouille. Comme quoi on dit : *«Un seul coup et tout s'ébranle»,* cet événement viendra donc donner un coup massif au mur qui tendait déjà vers son effondrement. Finalement, c'est la floraison de ce coup fatal qui succomba intégralement cette dite famille dans la misère et la dislocation totale.

***

Événement Tragique
3.

«La séparation et le divorce ne sont pas des tragédies. La tragédie, c'est de mourir à petit feu dans un couple Malheureux»

Auteur inconnu.

Au fond, je dois avouer que cette union conjugale de mes parents s'effritait et tendait vers sa sénescence depuis les temps reculés. C'était comme un volcan en effervescence qui créait de secousses sismiques des temps en autres et qui par la suite ferait éruption. Dommage, ce castel d'amour qu'ils construisirent péniblement ensemble durant des décennies s'effondrerait principalement suite à l'éclosion de la haine et la jalousie dont ces personnes nocives ressentaient constamment à la moindre opportunité dont mon père offrait à ma mère comme vous l'avait disséqué précédemment.

À ma connaissance, j'étais convaincu que ça ne suffisait pas étant donné que l'événement précédent véridiquement n'était qu'une phase dans le processus de son anéantissement. Ainsi, de toutes les voies possibles il fallait qu'elle soit valousée de sa position puisque sa présence dérangeait. Effectivement, dans ce monde caustique le progrès et ceux qui progressent dérangent toujours.

De ce fait, ils se sont formé un cercle empesté. Puis, par des voies machiavéliques, ils finirent par convertir son cœur compatissant et tendre en une roche dure au point où même son propre sang était devenu *anathème* et considérablement minable. En guise d'exemple, je me souviens d'un soir comme tant d'autres pendant qu'ils se querellaient comme de coutume et lui s'éclatait comme un conférencier éloquent devant l'assistance. Séance tenante, une phrase éblouissante sortie de son discours philippique captiva mon attention : *«Mwana mosi ombutila n'ki m'funu kena ?*[6] *»*. À ce stade de ces propos picotant, et sous cette atmosphère vespérale qui balayait la cours, elle marqua soudainement une aposiopèse étant prise par une vive émotion. Puis, elle lâcha un grand soupir. Il y'a aujourd'hui près de quatorze ans, et il est fort possible qu'il ne s'en souvienne plus. J'avais tellement de la peine à en digérer. Puis, à chaque fois que je me remettais en mémoire, je sentais aussitôt une amertume superlative me traverser entièrement le corps et mon cœur se nouait.

[6] *Quelle importance a-t-il cet unique enfant dont tu m'as engendré ?*

Par cette circonstance, ces paroles restèrent gravées inoubliablement dans ma mémoire comme la rouille sur l'armature et scellé dans mon cœur comme un chewing-gum sur une chemise. Chers lecteurs, souvenez-vous comme l'a dit l'apôtre Jacques que la langue est un *«venin mortel»,* mais aussi *«un feu dévorant capable de compromettre l'avenir».* D'où, je crois que le livre que vous tenez entre vos mains à l'instant même n'est pas simplement une histoire comme plusieurs existante, mais plus encore une interpellation à la conscience de toutes les actions que nous posons au jour le jour et qui pourraient directement ou indirectement déformer vos enfants sous un autre angle.

Quant à moi, ma mère aurait mis fin à cette relation bien longtemps pour toutes ces raisons. Mais elle diffusait toujours une bonne image, malheureusement factice de la vraie version de son foyer. Dans un autre ordre d'idée, je pense qu'elle n'aurait pas du tout tort d'agir ainsi car, comme quoi on dit *«Une femme sage battit sa maison[7]».* Mais quoi qu'il en fût, néanmoins elle savait qu'elle n'allait pas bien. Jamais elle n'a vécue heureuse comme elle l'anticipait à leur début. Dommage, il lui avait fallu des années pour qu'elle s'en rende compte. Ainsi, ce temps avait bel et bien sonné.

André Maurois[8] certes n'aurait pas tort de dire que : *«toujours l'inattendu arrive».* Après un long moment digestif de la tyrannie et des réalités machiavéliques simultanées, ma mère résolue finalement de n'est plus demeuré dans cette union conjugale nébuleuse qui par la suite empresserait sûrement son trépas.

En fin de compte, ils divorcèrent subitement pendant que je portais mes huit ans environ comme une succession d'épreuves. Combien cette rupture me perça profondément le cœur. Ce n'était pas facile. Je voyais déjà mon avenir en péril. Comme Amzat Abdel HAKIM[9] se posa cette question *«Pourquoi moi ?»* dans son roman portant le même titre, dans ma désolation je me posais également la même question. Une tonne de questions sans réponse me survolaient la tête : *comment je ferais l'école ? D'où me viendra le secours en cas de quoi ?* J'étais perdu.

En conséquence, étant brutalement privé de tout ce dont je devrais impérativement apprendre de mon père, lui qui avait la pleine responsabilité d'assurer ma formation et me fournir les éléments nécessaires pour que je n'aille pas à la dérive plus tard, au fil des années ce manque donnerait malheureusement naissance à une ascension négative sur ma marche juvénile.

---

[7] *Proverbes 14 : 1*

[8] *Romancier, biographe, conteur et essayiste français (1885-1967)*

[9] *Cinéaste et écrivain béninois*

En réalité, dès ces temps-là je grandissais sans père bien qu'il fut vivant. Et chaque jour dans la solitude, les pleurs devenaient mon adorable chant. Je ne fus qu'un pauvre garçonnet de huit ans avec un futur brumeux et à qui apparemment la nature tourna aussi le dos. C'était pénible. Extrêmement pénible. Je pleurais consécutivement mon père le jour tout comme la nuit puisque je ne supportais pas son absence. Je l'aimais beaucoup. Il était mon premier trésor terrestre. Mais dommage, la nature m'imposa à vivre désormais sans lui.

***

Un Saut vers le progrès
4.

«Chaque difficulté rencontrée doit-être l'occasion d'un nouveau Progrès».

Pierre de Coubertin
Historien et pédagogue français (1863-1937)

Depuis cette brouille, il passa plusieurs temps que le mot *«réconciliation»* ne s'articulait plus au sein de notre foyer en lambeau peu importe l'apport d'autres parents, mais aussi du chef coutumier qui fut comme le garant de notre village. Puis, ma mère naturellement opiniâtre comme je l'ai indiqué à priori, résolue cette fois-là de faire un saut vers une nouvelle expérience, un nouvel envol, puisque notre existence était en péril. Pour continuer, partant de ce fait, longtemps j'ai appris d'elle qu'il ne faut jamais revenir sur ses décisions si on les a prise pour des raisons bien cadrées peu importe les jugements du monde extérieur car, souvent elles nous conduisent au progrès.

Donc, on devait emménager à Kinshasa, la capitale car, y demeuré encore longtemps sûrement que la mort ne tarderait pas à nous emporter à tour de rôle. Nous quittâmes ainsi Kazembi à pieds à la pointe du jour durant la saison sèche au mois de juillet. Le vent remplissait l'air de la poussière et nos lèvres tremblotaient de froid. A l'heure du départ, ma mère me porta au dos, puis m'emmaillota d'un pagne. Ensuite, nous nous mîmes en route sous le murmure du vent dans les feuillages et les coassements récurrent de grenouilles.

De chaque côté de la route, les singes sautillaient et gambadaient d'un arbre à l'autre en hurlant. De surcroît, une chaine de montagnes surplombant le sentier parfois argileux, sablonneux ou encore herbeux se déployait dans cette contrée. Route faisant, nous nous saluâmes avec les voyageurs dont nous croissions, les uns qui allaient dans notre direction et les autres dans le sens contraire.

Enfin, après plusieurs kilomètres parcourus à pieds traversant des savanes herbeuses, des montagnes et des forêts, nous arrivâmes à Popokabaka extenués au crépuscule. Ainsi donc, c'est là que nous embarquâmes les jours qui suivissent vers pont Kwango à bord de la pirogue pour atteindre Kinshasa, la capitale…

Le jour propice arriva, très tôt le matin nous descendîmes au bord de la rivière Kwango d'où une grande animation se faisait entendre de loin. Les rives étaient quasiment mouvementées, les gens déambulaient, riaient et marchandaient leurs divers articles. De loin, j'observais une foultitude des femmes et des jeunes filles dont majoritairement faisait la lessive. Les femmes s'étaient emmailloté des pagnes qui se bornaient au niveau de leurs poitrines opulentes fuligineuses. Puis, les jeunes filles de leur côté étaient en une sorte de tenues vernaculaires fabriquées à base de soie fine, très fine qui étalaient entièrement leurs seins juvéniles pointus.

Elles portaient également de perles de hanche à plusieurs couleurs, outil très efficace pour ces dernières permettant de valoriser leurs silhouettes provocatrices. Le genre d'ornements qui excitent la sexualité. En réalité, ces colliers dans les temps reculés servaient pour soigner traditionnellement les malades. Dommage, au fil du temps son usage fut abusé et devinrent désormais une arme de séduction.

De plus, elles trempaient puis retrempaient encore leurs habits dans la rivière, ensuite les frottaient consécutivement sur des grosses pierres au bord de la rivière en fredonnant ensemble, parfois frénétiquement leurs chansons dialectales dans la jovialité. Visiblement, elles faisaient preuve d'un style de vie pleinement harmonieux.

D'un autre côté, les petits enfants, filles comme garçons grelottaient nus d'un endroit à un autre. Ils couraient ensemble avec une grande célérité et se plongeaient dans la rivière en y restant au fond une vingtaine de secondes ou plus sans inquiétude. Ils bavardaient comme des fous en se lançant des boules de sable de rivière et leurs hanches étaient enroulés des colliers traditionnels et des choses semblables aux huîtres alignés dans un morceau de tissu noué d'un endroit à l'autre. Cela me conduisit dans l'Afrique antique. La vraie Afrique authentique aux temps des seigneurs d'où nos aïeux préservaient encore notre vraie culture.

Entre-temps, ma mère s'affairait avec les piroguiers au sujet de notre embarquement. Quelques instants plus tard, nous étions à bord de la pirogue entouré des gens qui ne nous ressemblaient en rien : piroguiers au torse nus et une marée des péquenauds, certains vêtus à l'africaine. J'étais dans une agitation inaccoutumée. L'un de ces piroguiers descendu et détacha le cordon qu'ils enroulèrent à un gros bâton pointu enfoncé dans le sable de la rivière, puis la poussa avec une grande vélocité et finalement nous voguâmes dessus.

J'étais entièrement terrorisé dès lors que nous quittâmes le port, et ne prêta guère attention aux conversations comiques de tous ces gens voyageurs ni d'ailleurs aux chants monotones des piroguiers qui semblaient en un certain moment exorciser les esprits impurs des eaux. Ils nous interdirent durant notre traversée de n'est jamais crié ni jeter un truc quelconque dans l'eau. *Vous vous demandez pourquoi n'est-ce pas ?* Enfin, c'est aussi la même question dont nous nous posâmes.

En dépit de cela, nous étions contraint tenir à toutes ces instructions pour notre survie au risque de chavirer. De coutume, nous faisions arrêt au soir de la journée dans des villages au bord de la rivière d'où seule la pêche prônait puisque c'était d'ailleurs l'activité à laquelle se livrait la majorité de cette population riveraine. Ces gens, des experts dans ce domaine ramaient l'eau de toute leur force et nous contournâmes plusieurs endroits bordés d'herbes.

Ensuite, au terme de quatre jours, nous arrivâmes finalement au Pont Kwango d'où-t-il était présentement question de prendre un camion ou un taxi-bus pour atteindre Kin la belle. De là nous rencontrons plusieurs véhicules qui roulaient à vive allure en direction de Kinshasa et autres vers Kikwit en passant par Kenge. Certains véhicules étaient tellement chargés jusqu'à dépasser même la limite de la carrosserie et les gens sans crainte se placèrent dessus.

Au premier abord, Pont Kwango reflétait déjà les différentes réalités de Kinshasa. Par exemple : à gorge déployée, les receveurs criaient les itinéraires : *«N'sele, masina, quartier 01 ; n'sele, masina, quartier 01 mutu moko liboso epa chauffeur»* Les chauffeurs entre eux ou encore les passagers se disputaient et se lançaient des propos malveillants. Dommage, ces propos n'épargnaient personnes, ni d'ailleurs les vieillards qui étaient à bord. Exceptionnellement, il y'avait parmi eux certains qui se déguisaient en moralistes pour atténuer l'ampleur de ces conversations vergogneuses.

Malencontreusement, ils recevaient en retour des injures et humiliations. En outre, lorsqu'ils les contraignaient d'abdiquer ces bêtises et de respecté au moins ces vieillards à bord, ils recevaient en retour la réponse des Athéniens à Paul : *«...Nous t'entendrons là-dessus une autre fois*[10]*.»*

Finalement, torse nu, T-shirt sur son épaule droit, une tige d'allumette entre les dents, le chauffeur se plaça au volant et demeura le camion qui produisit illico un vrombissement mortel et connut presque de tous les ateliers d'ajustage du parage suite à ses multiples soudures, puis s'engagea sur la nationale 02. Cette route datant de longtemps remplit des nids de poule sombrait

[10] *Actes 17 : 32*

dans l'oubli, mais qui fut réhabiliter au fil du temps par les autorités grâce au fond national, dorénavant facilite aux commerçants d'écouler à un temps record leurs marchandises, mais aussi de faire parvenir le développement durable à la population rurale. A peu près huit heures de parcours, nous atteignîmes finalement Masina, commune patriotique au soir.

***

Au lendemain…Il est environ cinq heures du matin. Masina est couvert partout des brouillards. Il faisait tellement froid que plusieurs tardaient encore à se lever. Mais aussitôt que le soleil commençait à se lever timidement, l'on pouvait à peine voir les artères bondés d'une masse des gens dont plusieurs étaient en jackets. *«Zando-commerce, Boulevard-ville-sonas, pond Ngabi-victoire, première rue saint Raph»*, criaient les receveurs à tue-tête qui virevoltaient d'un coin à l'autre en se disputant quelquefois les clients avec leurs confrères.

D'un autre côté, un cortège des gens trottinaient dans la même direction espérant ainsi trouver le transport le moins cher en cours de route car, à ces heures-là les prix habituels grimpent excessivement dans la majorité des communes de la ville de Kinshasa par manque de suivi des décisions prises par les autorités nationales.

Quelques heures plus tard, nous déchargeâmes nos affaires du camion et nous nous précipitâmes droit vert l'arrêt de bus pour emprunter le bus allant à Victoire qui, considérablement était comme le centre de tous les itinéraires. Curieusement, pendant que ma mère s'échangeait avec le receveur sur la question du prix à payer pour nos bagages, en un clin d'œil son petit sac d'où-t-elle mettait ses histoires féminines ainsi que ses pièces de service prit pieds.

Toute affolée, elle essayait de voir aux environs en se questionnant : *«Kwa diedi sac dina diameni dia n'keki ? Mweni dioku ? Eeeh nzambi imeni bayibidia[11]»*. Ensuite, mains sur la tête et elle écarquillait ses yeux dans toutes les directions.

Mais c'était trop tard ! Il n'y avait plus rien d'autre à faire que de protéger le reste. En fait, la majorité des gens venant du village y sont très souvent baptiser, car ce sont des zones rouges pour eux, une caverne des voleurs en réalité et ils s'y refugient en masse pour œuvrer. En cours de route, nous fûmes bloqués d'un endroit à un autre par des embouteillages dû parfois à

[11] *Où est parti mon petit sac ? Tu n'as pas vu ça ? Eeeh Seigneur ! C'est fini ils l'ont volé*

l'incompréhension et au manque d'une bonne observation des codes routiers par les chauffeurs kinois.

En fin de compte, après toutes ces navettes nous atteignîmes finalement Camp-luka en passant par le cimetière Kintambo qui, de part et d'autre n'était qu'une vaste étendue couverte d'épaisses broussailles. C'était donc là notre arrivé à ce que nous entendions constamment sonner aux oreilles, *Kinshasa-la belle.*

***

Nouvel Envol
5.

*«Si vous n'essayez jamais, vous ne réussirez jamais.
Mais si vous essayez, vous risquerez de
vous étonnez vous-mêmes».*

Charles-Augustin St-Beuve
Ecrivain français (1804-1869)

Des secondes, minutes et heures passées depuis notre arrivé à *kin-la belle*. Nous fûmes accueillis avec un grand enthousiasme. Cette fois-là nous avions vraiment l'impression d'être à la maison et de nous retrouver au milieu des gens qui nous aimaient tant après plusieurs décennies de cris, pleurs et toutes sortes des traitements accablant. Tout ne sera plus comme avant, me disais-je car, maintenant c'est un nouvel envol, un nouveau départ qui débute. M'étant présenté à eux par mes tantes, tous mes cousins, grands et petits venaient se regrouper à mes pieds comme les disciples de Christ et me posaient toutes sortes des questions relatives à la vie de campagne.

Au soir de la journée, la nuit avait étendu son encre presque sur toute la ville et l'obscurité était si opaque. Au dehors, certains endroits étaient éclairés timidement par les lampadaires publics datant de longtemps en fer répandant une lumière jaunâtre, et certaines s'allumaient aussi frénétiquement. Au lendemain matin, le soleil sortait des langes de l'horizon, dardait fortement ses rayons. Le soleil luisait de tous ses feux et la chaleur était si perceptible que l'on pouvait voir les gens tombaient leurs vestes et certains dénouer même leurs cravates. On se croirait en pleine canicule[12].

De plus, mon nouveau quartier n'était pas essentiellement urbanisé. Les rues étaient poussiéreuses et manquaient les caniveaux à tel point que pendant la saison pluvieuse elles devenaient toutes boueuses et quasiment inaccessibles. Les enfants jouaient au football pieds nus dans les flaques d'eau. Et dans les grands avenus, mamans, jeunes filles vendaient les beignets, spaghettis dans des récipients communément appelé *«vue claire»,* boudins, boulettes et divers fruits…

De l'autre côté, les mamans maraichères étalaient toutes sortes des légumes dévastées fraichement des champs, des aubergines, poissons de mer,

---

[12] *Période de grande chaleur*

vulgairement appeler *«Thomson»* par les kinois, exposaient sur les étables portant des étiquettes en fer sur lesquelles étaient mentionnés les prix peint en rouge. De part et d'autres était accrocher les habits d'occasion affectueusement appeler *«tombola»*, ensuite les vendeurs criaient les uns à haute voix et les autres avec des mégaphones : *«Ya lelo ekiti na 500, 1000fc»*

Dans un quartier si mouvementé et sous les vrombissements de taxi-motos dont la fumée rendait le ciel inquiétant, les vendeurs sillonnaient les grandes rues avec des sachets d'eau portés sur des bassins pour garder leur fraicheur, et certains courraient en débandade à l'écoute d'une voix retentissante *«limbaaaaaa*[13]*»*.

À voir, Camp-Luka n'était pas finalement ce dont l'on pouvait qualifier d'un quartier développé. Pourtant, il regorgeait un max d'activités. Malheureusement moindres, entre autres : Le cirage, la vente des sucettes, la cordonnerie, *Evida* et ainsi de suite. Relativement à la vie sociale, nombreux n'étaient pas assez équilibrés, ce qui donnait conséquemment naissance à une prostitution superlative chez les jeunes adolescentes spécifiquement avec un slogan *«Mwasi mwasi nde nzoto*[14]*»*, et façonnaient également les jeunes gens en yakuza. Autrement dit *«Etat»,* Camp-Luka est un quartier dans lequel la mobilité des gens ainsi que celle des motos-taxis principalement déferle infatigablement. Un quartier où tout bouillonne : vole, prostitution, *kuluna*[15] et d'où les liqueurs fortes coulent à flots, sans parler du chanvre.

Puis, des semaines et mois écoulèrent, je commençais à avoir toutes sortes d'ennuis auprès de mon entourage, mais aussi de mes cousins qui autrefois me défendaient face aux moqueries des autres tout simplement parce que je ne maitrisais pas leur élocution. Ils avaient une manière tout à fait différente de la campagne. De là, j'ai appris aussi la vraie signification du mot égocentrisme. Ils étaient tellement indifférents et égocentriques les uns envers les autres à tel point que le partage pour eux était comme une transgression. C'était ça la *kinoiserie.*

En outre, le principe était qu'il fallait le matin tout comme le soir contribuer financièrement pour enfin mettre quelque chose sous la dent ; et c'était ça le mode journalier avec un slogan *«Li tsie te, li lie te»*. Banalement pour dire : *«Ne peut manger que le contributeur»*. Cependant, les jours rares où satan nous oubliait et qu'une de mes tantes prenait la charge totale de la bouffe, nous prenions à chacun un demi-pain avec du thé rouge. C'était dur. Par

[13] *Appellation d'eau par les kinois en langage argotique*
[14] *La femme, c'est son sexe*
[15] *Brigands, délinquant, criminel, bandits*

conséquent, au bout de quelques mois j'avais perdu beaucoup de poids et étais devenu presque méconnaissable.

En effet, étant donné que nous n'avions pas d'issue propre à notre venue et que nous étions contraint prendre un nouvel envol, recommencé une nouvelle vie, nous nous installâmes entretemps chez ma grand-mère sur la rue *Kasongo* 03 au bord de la rivière *Makelele* servant de frontière entre plusieurs communes et d'où-t-il était quasiment considérer comme la parcelle familiale.

C'est-à-dire que la première parcelle fut emportée par une grande inondation causée par des pluies diluviennes successives d'autrefois. Ainsi donc, nous étions restés l'avant dernière parcelle. Ma grand-mère, une vraie croyante de la foi catholique était naturellement gentille, malheureusement plaintive. Nous logeons tous dans sa petite maison archaïque réduite sans confort, une cabane moderne dont les murs étaient lézardés.

Elle n'avait qu'une seule petite pièce d'où dormaient les filles ainsi que leurs mères, et au salon s'entassait tout un monde. Le salon en question jouait une double fonction : le matin il demeurait un salon tout court, puis le soir il se transformait en un dortoir, sans ignorer aussi la présence des ustensiles de cuisine accrochés aux quatre coins des murs ainsi que les récipients superposés les uns sur les autres.

Nous étalons-là près d'une sizaine des personnes y compris mon défunt grand-père *Ludika* qui étalait également sa natte en face de la nôtre. Entre la tienne et la nôtre, ma mère plaçait un banc qui jouait en quelque sorte le rôle du mur de cloison en raison d'hygiène puisqu'il toussait constamment. Ensuite, de quatre coins des murs de la dite maison inondait une marée humaine qui visiblement était remarquable que le soir, car majoritairement travaillaient au ministère des courageux.

À l'ordinaire, nous sursautions de notre natte à cinq heures du matin suite aux bruits des assiettes et des récipients qui tombaient au moindre passage brusque de ceux dont l'heure du départ au ministère avait sonné. Ils étaient comme notre réveil. Ils nous traversaient sans arrêt comme s'il s'agissait d'une cérémonie coutumière. Donc, nous restâmes assis sur la natte et regardaient comment ils trémoussaient comme des abeilles dans toute la pièce. Dans ce rythme mélodieux de bassins, bidons, d'eau versée dans les cantines, voix d'hommes et de femmes qui s'entremêlaient, la somnolence nous abritait mais l'on ne pouvait plus malheureusement fermer l'œil.

Pendant ces temps, ma mère se battait avec ardeur en effectuant sans arrêt des démarches d'une école à une autre sous le soleil accablant dans le but de se faire embaucher. Elle était zélée d'un seul souci, une vie indépendante et équilibrée. Comme on dit que *«peu importe la longueur de la nuit, le jour fini par apparaitre»*, quelques temps plus tard, elle serait retenue de manière surprenante dans quatre écoles différentes mais également de vacation différente. Des écoles dont les unes jouissaient jadis d'une grande réputation et les autres en perpétuent encore jusqu'à nos jours. *Comment me partager ? Comment m'occuperais-je de Pardonnez ? Avec qui resterait-il la journée ?* Toute une salve des questions lui survolaient la caboche. Mais malgré tout, elle savait quand-même comment repartir ses heures.

***

Le moment opportun arriva, comme tout autre enfant il était donc important que j'embrasse l'école et rattraper mes multiples retards accumulés malgré que je n'avais pas toujours la maitrise de lingala qui fut en soit une langue courante malheureusement même sur le milieu scolaire. J'avais de la peine à me faire d'amis. Et certains d'entre eux me surnommèrent *«Ya ngwin*[16] ». Ils me manifestaient une indifférence totale.

Vous vous sentez comment lorsque les gens vous dénigrent ? Vous vous sentez comment lorsque tout le monde vous isole en raison de votre origine natale ? J'étais consterné. Tellement éploré, déchiré à mon intérieur. *Je ne mérite pas une compagnie ? Est-ce un péché que je sois né à la campagne ? Que ce que j'ai fait à la nature pour avoir une enfance si difficile ?* J'aurais bien envie de me tourner vers mes amis quand c'était rude. Mais aussitôt que je me rendais compte que je n'en avais aucun juste parce que je suis né à la campagne, je m'isolais au fond de la salle et je pleurais.

Outre cela, pendant la récréation, d'un côté ils couraient d'une salle à l'autre ou dans la cour, et d'un autre coté chacun avec son ami. Ils mettaient leurs plats entre les jambes et y plongeaient leurs mains à tour de rôle. Je m'adossais contre un mur et les regardais comme un simple spectateur. Personne ne s'intéressait à moi. C'est comme si mon origine natale était pris pour une handicape. Les actions et même leurs paroles à ma vue étaient sans doute ségrégationniste. C'était trop dur pour moi. Il en était ainsi voir même avec mes cousins. Je crois que c'est aussi l'un des points majeurs durant ma croissance qui développa un tout petit peu mon côté solitaire.

Néanmoins, je trouve aussi que la solitude me fut de bonne compagnie, car ce fut pour moi un moment d'apprentissage. Dans la solitude, j'ai appris que peu importe la situation dans laquelle on se trouve, il y'a bien des

---

[16] *villageois*

fois ou il faut surplomber ses inquiétudes, braver ses échecs ainsi que les humiliations et aller au-delà de ses capacités. De ce fait, je résolue de n'est plus m'en faire un souci mais plutôt de musclé mon esprit pour aller droit à l'atteinte de mon rêve. Je ne voulais pas que les circonstances plus particulièrement de mon enfance déchiquetée ou les inégalités provenant du monde extérieur me définissent. Dès ce moment, j'ai commencé à me démarquer et plus rien ne m'empêchait d'accomplir des exploits et de les épatés grâce à ma vive intelligence.

Ma mère de sa part étant embauchée, elle était contrainte de quitter la maison de coutume le très tôt matin pour débuter sa tournée journalière harassante et rentrée le soir parfois à des heures creuses. Elle enseignait au complexe scolaire Jean de la fontaine à proximité de chez nous sur la rue Kitona d'où j'évoluais en cinquième primaire, et aux trois autres écoles dont l'une se située sur la rue *Makanza* non loin du rond-point *Molaert* dans la commune de *Bandal*, commune extrêmement mouvementée surnommée *«paris»* par ses résidants en raison de ce qu'elle regorgeait : Bars, terrasses, bistrots, boites de nuit, casino, hôtels quasiment luxueux, belles filles dont majoritairement des putes, brochettes de *n'taba* et d'où nous viendrons résider au fil du temps.

Donc, comme je l'ai dit précédemment chaque jour ma mère contribuait comme tout le monde pour le soupé et un plat minime nous était servir finalement. Très souvent certains membres de ma famille maternelle et connaissances à ma mère nous invitaient à soupé avec-eux, ce qui faisait qu'on ait un peu du poids. Sans doute, nous vivions dans un dénuement jamais vécu de notre vie. La famine ainsi que les soucis étaient devenus mes compagnons de tous les temps et les pleurs dans la solitude un mode de chaque jour.

Parlant de ça, je me souviens d'ailleurs de ce jour où nous n'avions pas mangé par manque d'argent. Vers minuit, je n'arrivais plus à tenir ni à fermer l'œil. Je devais trouver à tout prix quelque chose pour calmé mon ventre. Alors, j'ai commencé à ouvrir les marmites, récipients dans l'espoir de trouver même quelques foutues de pain. Finalement, les recherches n'aboutirent à rien. Au même moment où les larmes me coulaient sur les jougs en frémissant, illico mes yeux furent rivés sur une bouteille semblable à celle de la mayo.

Evidemment c'était une bouteille de mayo dans laquelle l'on mettait l'huile de poisson, poulet, etc..., après la cuisson. Bingo ! M'exclama. Sans plus tarder, je me suis servi. J'y introduisais mes doigts, retirer les quelques morceaux de poissons qui s'y trouvaient. Puis, avec du piment je me voyais déjà à *Kinkole*. Je me suis tellement fourré de ce mélange foudroyant à tel point que je ne distinguais plus les larmes dont le piment me causait et celles de la peine, du regret.

C'était une vie extrêmement difficile. Peut-être que vous vous n'avez jamais dormir affamé, vous avez une belle chambre avec un lit spacieux et une énorme mousse couverte de bons draps. Vous n'avez peut-être pas souffert durant votre enfance d'une manière ou d'une autre.

Mais pour ma part, c'est tout à fait contradictoire. Je sais ce que veut dire dormir seulement de la bouillie de maïs puisque vous n'avez pas autres choses, je sais ce que veut dire regrouper une quantité suffisante du sable après la pluie pour en former une sorte de monticule et étalé la bâche dessus puisque vous n'avez plus ou dormir, je sais ce que veut dire dormir chez les voisins sur des chaises en plastiques dans une maison en pleine construction sous les moustiques, le froid et le vent violent puisque vous n'avez plus d'issue, je sais ce que signifie sursauter de sa mousse sous la terreur et courir dans la rue inondée pieds nus en somnolant et ignorant la présence des câbles électriques qui y sont enterrés, et je sais également ce que veut dire vendre du sable pour subvenir à ses besoins.

J'ai expérimenté toutes ces réalités et tant d'autres dont je ne saurais pas vous citer dans ce présent bouquin. Mais au-delà de tout, je crois que ça m'était une sorte de formation puisque toutes ces réalités nostalgiques formèrent en moi un caractère rigide capable de défier n'importe quelle intempérie de la vie sans recul. De plus, comme l'a dit Augustin KASITA[17] dans son roman ***«Une Affaire de Cœur»*** : *«L'homme est appeler à affronter vents et marées de la vie, doit-on dire. D'où il doit demeurer enthousiaste, persévérant et patient»*. J'ai appris à être champion à mon intérieur, de croire en moi et d'avancer sans recul, car derrière moi il n'y avait plus rien. Je suis allé au bout de mes efforts en donnant les meilleurs de moi-même pour un rêve, celui de devenir plus tard l'un des jeunes réussi. Et aujourd'hui, ce rêve se matérialise progressivement surtout puisqu'il y'avait là une seule personne qui croyait toujours en moi pendant que les autres me renièrent et me voyaient qu'une fleur fanée, ma mère. C'est à elle que je réserve les plus belles phrases de remerciements et je dédie aujourd'hui mon œuvre.

Un ou deux ans plus tard, ma mère commençait à trouver un peu d'équilibre ! Ayant donc épargné une somme consistante et peu importe combien nous n'avions rien à équiper une maison, elle décida quand-même de commencer la vie de location afin de mettre fin à ces maltraitances. C'est ainsi que nous nous retrouverons cette fois-là sur la rue *Lukula 12* au quartier 02. Après ma montée en sixième primaire, je fus inscris à l'*E.P.03 Kimpangi*, une école renommée de la région qui se trouvait dans l'enceinte de la paroisse catholique Saint-Philippe. Et de là, ma mère jugea bon de rester qu'avec une

---

[17] *Auteur congolais*

seule école, le lycée, pour jouir également d'une santé florissante en évitant toutes ces navettes durant la journée.

Le jour où nous déménageâmes de la demeure familiale pour emménager dans la nôtre au soir, il pleuvinait. Notre nouvelle maison ne contenait rien de grave que nos deux petites valises, quelques récipients que lui donnèrent ses amies d'enfance et la petite mousse d'une dizaine de centimètres qu'elle acheta. Au salon nous n'avions que trois fauteuils presqu'en lambeaux dont les accoudoirs étaient en bois et une petite table également en bois qu'elle acheta le tout à quarante dollars américains équivalant à trente-six mille deux cents francs congolais en ces temps-là chez papa Valentin, un menuisier du quartier qui résidait juste en diagonale de chez nous.

L'une de ses anciennes connaissances, la feue maman Marie que je rends hommage nous donna un rideau raccommodé à plusieurs endroits et c'était celui dont nous mettions à la porte. Personne ne pouvait nous épaulé à transporter nos histoires. Nous avions l'impression qu'ils se contentaient plutôt de nous voir libérer le lieu. A cette époque, je portais mes dix ou onze ans environs comme une condamnation. Assurément, c'est la nouvelle vie, une nouvelle marche, un nouvel envol qui débuta.

Et quoique nous décidâmes de commencer la vie de location, je me dois d'avoué en toute franchise que notre maison en soit ne contenait rien de grand prix au point où il fallait que j'aille chez les voisins, notre bailleresse pour regarder la télévision jusqu'à des heures creuses. Il fallait habituellement que leur fille ainée me rappelle qu'il était temps que je rejoigne notre logis. A cette même époque, mon frère avait presque fini son parcours humanitaire et se préparait de là où il était à l'internat pour nous rejoindre et finalement faire ensemble la lutte de notre nouvelle vie.

Mais dans la durée, il y'aurait les deux fils du grand frère à ma mère, donc mon oncle, l'un qui revenait fraichement du village et l'autre qui vivait déjà à Kinshasa depuis plusieurs années et avait également sa petite activité de vendeur ambulant des trucs, genre, amuse-gueule qui vinrent se joindre à nous…Le petit lui, plus tard il sera embauché dans un bar cartonnant du quartier appelé *«le triangle»* d'où on l'exigeait aussi d'y passer ses nuits en raison de sa clientèle intarissable. Et le grand parfois il se retrouvait pas mal dans son entrepreneuriat malgré sa fatuité qui au futur malheureusement causera son déclin.

Mon grand frère étant revenu fraichement de l'internat et qu'il n'avait pas encore à priori un point de départ pour débuter une activité qui lui permettrait de se situé parfaitement, il partagerait avec ce dernier la petite mousse d'une épaisseur minime sur laquelle il dormait autrefois. Ce qui est certain est que le type en question se préparait déjà dans le silence à déménager pour des raisons qu'on ignorait.

Quant-il sortait de la douche, le genre de douche construite avec des chevrons, l'un de chaque côté et entourée des bâches ou pagnes comme murs utilisait par la majorité de la population kinoise vivant bien sûre dans des quartiers reculés et pauvres comme le mien, mais aussi d'où deux blocs de ciment parallèles l'un remplaçant le bac à douche et l'autre l'endroit sur lequel l'on plaçait le seau. Puis, tout celui qui voulait se laver n'avait qu'à placé un pagne ou son linge de toilette sur la porte tout en veillant qu'il ne soit pas balloté par le vent au risque de se faire voir. Après son bain, ce dernier nettoyait soigneusement son savon *Monganga* et le gardait jalousement dans sa valise. Oui, dans sa valise comme vous l'avez bien pigé afin qu'aucun de nous ne l'utilise à nouveau.

Bien qu'il ne l'était pas en vrai, mais considérablement et visiblement nous le prenions comme notre aine : on le respectait suffisamment et l'obéissait sans tâtonnement à tous les degrés. Mais parfois ma mère ne comprenait pas comment la présence de ses enfants et même dans leur propre maison pouvait être la cause d'une indifférence totale par une personne qui ne contribuait en rien pour la survie de sa maison.

Malheureusement, il n'aimait pas qu'on lui porte correction pour ses actes exécrables. Et à chaque fois que ma mère lui reprochait, il boycottait la nourriture oubliant *que la pauvreté et la honte sont le partage de celui qui rejette la correction…*, a dit le psalmiste. Cependant, ayant constituait une somme consistante à notre insu, au soir d'un certain jour il nous annoncerait subitement qu'il déménageait. *Comment est-ce possible ? Pourquoi tu quittes si brusquement ?* Lui demandait ma mère. Mais il resta néanmoins constant sur sa décision sans une explication transparente.

Que faire ? Rien en tout cas. Lui seul était le conducteur et le patron de sa propre vie. Il emballa sa valise, sa mousse sur laquelle il dormait avec mon frère, puis sa télévision et se déguerpi dans le noir. J'étais qu'un enfant vous savez et j'adorais suivre les dessins animés. Mais voilà qu'il n'y avait plus de télévision à présent. Je pleurais amèrement toute la soirée peu importe combien ma mère ainsi que notre bailleresse tentaient de me consoler.

Subséquemment, mes yeux gonflèrent à force de pleurer. Pour effacer un peu la scène de ma mémoire, ma mère était contrainte ce soir-là de me faire trottiner d'un endroit à un autre jusqu'à ce que nous arrivions au quartier 04 à des heures un peu tardives. Elle avait l'air tellement soucieux en me regardant que je voyais ses yeux inondaient de larmes. Pour elle mes pleurs semblaient être la continuité de notre ancienne expérience. Les gens qui ne nous connaissaient pas auraient même cru que nous étions de ceux dont la rue demeurait leur seule refuge.

Mon grand frère lui de son côté, durant tous ces temps passait encore ses nuits sur un de nos vieux fauteuils dont les accoudoirs étaient en bois. Très souvent notre mère lui étalait un de ses pagnes sur la chape comme mousse et un autre lui servait de couverture. De temps en autres elle se réveillait la nuit pour lui remettre ce pagne qui se retrouvait ici et là à force de ses rotations.

Des mois passèrent, mon frère fini par se trouvait un job de vendeur des livres d'un type en échange d'une petite rémunération mensuelle. D'un côté, cela lui fut en réalité une sorte de formation solide, car étant devenu autonome au futur il en développerait plus que son ex patron. Et grâce à sa petite rémunération de trente mille francs congolais environs à la fin du mois, il parvenu à nous procurer une télévision toute neuve marque Sharp, car il n'y avait pas de plasmas à cette époque-là comme nous en avions une multitude aujourd'hui.

Finalement, cette fois-là ma mère décida de quitter cette auberge de toutes espèces d'impuretés pour s'installé à *Bandal*, commune dont nous concevions développée et éducative. Au fond, l'idée n'était pas mal. Pourtant, d'un côté ça serait malheureusement pour moi la genèse d'une ascension négative.

***

Ascension Négative
6.

Au fil du temps, ma mère étant donc devenue suffisamment autonome et quasiment équilibrée surtout du point de vue financier, elle décida de déloger *Camp-Luka* pour s'installer finalement à Bandal pour plusieurs raisons, notamment : la réduction du trajet que nous acheminions pour atteindre l'école, mais aussi me permettre d'évolué dans un environnement éducatif. Mais laissez-moi vous avouer aussi que Bandal ne serait pas enfin tout ce dont nous concevions, car au fond elle n'incarnait que la ruine et ça serait en revanche le début de mon ascension négative.

D'abord, dans un premier temps tout allait normalement puisque d'un côté cette traversée me canalisa aussi plusieurs découvertes dans des domaines variés. Mais au cours du temps et en atteignant progressivement la maturité, sous l'influence des amis que je m'y suis fait là-bas, des amis en réalité qui n'articulaient pas le même langage spirituel, intellectuel et ne partageaient guère les mêmes valeurs morales que moi, une espèce disons de vrais hippies modernes épris éperdument par les convoitises et passions charnelles de la jeunesse, nous faisions continuellement du tapage nocturne à la quête des meufs comme une meute de chiens à la poursuite des gazelles.

Et comme l'a dit l'apôtre Paul que *«...les mauvaises compagnies corrompent les bonnes mœurs*[18]*»,* plusieurs mois passèrent, moi qui autrefois étais certes une référence, conséquemment je me vautrerais malheureusement dans cette vie immorale suite à l'influence des amis au point où je ne percevais plus la dichotomie entre le normal et l'anormal. Cette vie dorénavant deviendrait mienne et j'en trouvais succulente. Par malheur, partout où je passais les gens qui me connaissaient autrefois me toisaient. *Mais enfin ! Pourquoi me regardent-ils ainsi à mon simple passage ?* Me demandais-je.

En réalité, le problème était dû à ma foi. C'est-à-dire que je faisais partir d'une famille chrétienne et croyante du message apporter par un envoyé spécial de Dieu pour notre ère comme je l'ai mentionné à priori, et ce message avait plusieurs *«pas ça»* qu'il fallait respecter impérativement pour y resté longtemps. Ma famille en fut croyante depuis des longues années et mes treize ou quatorze ans environs je les consommais dedans. Hormis ça, je figurais aussi parmi les jeunes gens exemplaires connut majoritairement de ma communauté et il n'était donc pas tolérable que je mène un tel style de vie non édifiant.

---

[18] *1 Corinthiens 15 : 33*

De ce fait, au cas où je m'entêtais, je courais derrière une exclusion et je serais aussi traité d'*«un païen»*. Voilà donc raison pour laquelle il m'était contraint d'abdiquer ce mode de vie adultérin, car s'en pertinacité serait non seulement une trahison contre ma croyance, mais également une honte pour ma mère qui serait traiter de tous les noms possibles. Mais comme n'importe qui ayant trottiné sur cette trajectoire de la vie, tous nous savons que ce n'est pas du tout facile de lâcher brusquement quelque chose ou des gens qui vous étaient prioritaires autrefois peu importe les raisons.

Malgré cela et comme l'explicite aussi Bienvenu-Klivert MWENZE[19] dans son roman ***«l'Amour…Quand l'amitié et la religion s'en mêlent»*** : *«Tout être croyant à l'existence d'un être supérieur croit à une seconde vie après la mort, une vie éternelle heureuse ou une vie de souffrance selon qu'il s'est bien ou mal conduit dans sa vie terrestre»*. Pour cette raison, il m'était donc extrêmement important que je sache finalement mon identité et comment devrais-je aussi me conduire puisque mon destin et mon salut en dépendaient pleinement.

Désolément, tout ce que condamnait ma croyance, c'est ce que je ramenais à vie. Par exemple : je me suis rendu amoureux du football, de toutes sortes de jeux d'hasard, notamment : Kicker, Play station et course à vélo presque chaque soir au terrain municipal. De surcroit, je suis devenu plaisantin et un super bourreau des cœurs comme je l'ai dit autrement dans les paragraphes précédents, pourtant l'une de *«pas ça»* dans ma confession. Pire encore, quelquefois j'appelais moi-même les autres pour qu'on aille jouer avec mes propres frais.

Parlant de ça, je me souviens d'ailleurs de ce soir d'où j'ai complètement brisé la barrière. Ce soir où j'ai agis pour ma toute première fois comme un détraqué mental. En fait, il y'avait un grand match de football qui se disputait entre deux pays limitrophes et équipes voisines. C'était un match de qualification à ce que je sache. Ça passait à la télé, et c'était les léopards de la RDC qui jouaient contre les diables rouges du Congo-Brazzaville.

Il était prévu qu'on le suive chez un de mes amis du quartier qui fut négro, une espèce des jeunes gens qui se conduisaient jusqu'à ces jours d'ailleurs dans la transgression de principes de la bonne moralité exactement comme ce fut le cas vers les années soixante, mais qu'on conduirait à Christ dans la durée. *Kadima*, s'appelait-il. Soudainement, il eut coupure électrique. Ce phénomène se produisait de coutume lorsqu'il s'agissait essentiellement d'un grand match comme celui-ci. C'était une technique ou une sorte d'arrangement

---

[19] *Auteur congolais*

entre les agents de la *snel*[20] et les propriétaires des bars en vue de poussé les gens d'aller suivre ce match dans leurs bars, terrasses et espaces d'où étaient placer les écrans plasmas en achetant une bouteille de bière ou sucré comme droit d'entrée. De cette technique malicieuse, ils s'amassaient suffisamment d'argent.

Alors, déterminé que nous étions à n'est pas louper ce grand événement, instantanément nous nous mîmes en route vers *camp-nou*, un espace de renom d'où était placer d'habitude une série d'écrans plasmas, siégeaient en masse les amoureux du foot et se déroulaient également les grands paries. Malheureusement, on ne pouvait pas voir en raison de nos petites tailles. A cet effet, nous fûmes donc obligés d'aller à *Inga* d'où était placé l'écran géant.

Une marée humaine s'y inondait à chaque tierce. Hommes, femmes, vieillards et enfants portaient sur leurs fronts et jougs les ornements symboliques de notre pays, et flottaient le drapeau à trois couleurs et le plus remarquable du continent africain. Les filles majoritairement portaient l'uniforme de l'équipe nationale qui mettait complètement à vue l'ensemble des éléments captivant de leur structure corporelle envoûtante mettant les jeunes gens qui visiblement ne pouvaient plus se concentrer au match dans une palpitation inaccoutumée. Les uns soutenaient notre équipe nationale et les autres l'équipe adverse bien qu'ils furent aussi congolais. Afin, c'était normale puisque chacun avait le libre arbitre de soutenir l'équipe de son choix.

Des injures, autrement appeler *«tizon»* par les kinois se vociféraient du Nord au Sud, des disputes, et des éclatements des bouteilles aux murs par ceux qui se soûlaient déjà. Et à la moindre occasion ratée, aussitôt les fans se tenaient debout et spécifiquement ces étudiantes sorties fraichement de la faculté de séduction à l'université de Jézabel qui virevoltaient ici et là comme des louves disetteuses en quête de la nourriture et faisaient des exclamations : *«wayiii ! Eeeeeeee ! Eeeeeeeee»* puis tous ils criaient à haute voix *«Wayiiiiieeeeeh»*. Enfin, ils applaudissaient frénétiquement et suivaient avec une attention scrupuleuse le déroulement du jeu. Les léopards qui semblaient perdre le match en encaissant déjà deux buts, l'espoir de ses fans partait déjà en péril. A la place d'encourager les joueurs, par contre, ce sont les injures et malédictions que proféraient leurs langues.

Dommage, le tout ne retombait que sur le sélectionneur national Florent Ibenge. Il était en quelque sorte le bouc émissaire ou encore l'agneau immolé de cet événement. Mais comme ils le disaient entre eux : *«RDC, eloko ya makasi»,* oui, elle s'est évidement montrée forte en inscrivant son premier

[20] *Société nationale d'électricité*

but de pénalty marqué par Dieumerci Mbokani aux soixante cinquième minutes et tout le monde semblait se réveiller malgré qu'il y'avait encore de l'incertitude dans la majorité. Soudain, un changement d'atmosphère s'opéra. Ils cessaient presque de parler, les yeux rivés sur l'écran géant. Alors que les secondes et minutes roulaient à une vitesse de croisière, dans ce silence semblable à celui dont l'apôtre Jean relate dans Apocalypse lorsque le septième sceau fut ouvert au ciel, tout en sueur, excité et trépignant d'impatience de voir s'inscrire un autre but, ils respiraient ensemble et leurs poitrines tambourinaient presqu'au même moment.

Quelques minutes plus tard, ça serait le but d'égalisation marqué par Jérémie Bokila aux soixante quinzième minutes. La foule flottait le drapeau et avait repris ses animations en chantant : *«Ibenge cacher eeh, coacher eeh, Ibengeee, Ibengeee.»* Juste six minutes après, ça serait au tour de Joël Kimwaki de rendre anémique les brazzavillois. Et c'était à présent les léopards qui menaient le jeu. Tout le monde était hyper content et en même temps ébahis du niveau de jeu de nos joueurs. Cette fois-là leurs langues proféraient des encouragements. Et à quelques pas de la fin du match, c'était encore Dieumerci Mbokani qui marqua le quatrième et dernier but occasionné par la passe décisive de Neeskens Kebano. C'était plus que l'indépendance je vous assure.

Tout le monde gesticulait. Les gens envahissaient les rues ainsi que les artères publiques à tel point qu'un énorme embouteillage se forma. Ils criaient et couraient dans toutes les directions, ils s'embrassaient et criaient *«Esiliiii*[21]*»*. De mon côté, étant pareillement emporté par cette enthousiasme et sans me rendre compte, j'enlevai mon T-shirt blanc et trémoussais comme un papillon torse nu. *Vous vous imaginez ?* Oui, vous avez bien saisi, torse nu retentissant les couvercles des marmites en chantant et criant comme les autres jusqu'à m'égosiller la gorge. Combien j'étais pervertit. C'était une disgrâce totale pour moi. Vous savez ! Je n'ai rien contre les amoureux du football et je ne crois pas qu'ils sont fou ; mais moi il n'était pas probable que j'y sois là ni en soutenir car ça aller à l'encontre de ce que je prétendais être, un croyant du message de l'heure plus particulièrement.

Sur ce, je me sentais tellement culpabiliser par ma conduite déshonorante à tel enseigne que j'éprouvais dès ces temps-là un complexe d'infériorité à la vue des autres jeunes gens qui faisaient partir de ma confession et qui luttaient de se conformaient avec rigueur à nos principes doctrinaux. Certes, ils se conduisaient autrement. Mais comme l'a dit le psalmiste *: «..., celui qui oublie la réprimande s'égare*[22]*»*. Aussi, une fois j'ai failli me faire arrêter par la police juste devant notre parcelle d'où avec mes amis du quartier

[21] *C'est fini*
[22] *Proverbes 10 : 7*

nous avions l'habitude de siégé le soir quelque fois jusqu'à des heures creuses pour avoir dessiné des armes, machettes et écrit sur le mur de notre clôture *«base solide»*. Selon toutes les apparences, je me suis clairement égaré.

En conséquence, j'ai rétrogradé dans la foi. Je ne pouvais plus assez lire ni me plongé dans la prière pendant des heures comme ça me fut autrefois. Soudainement, un changement radical s'opéra en moi. Nous regardions toute sorte de pourritures à la télévision, notamment : catch, musique, rap, football, théâtre, mode et nous discutions là-dessus. Tous ces petits dieux étaient devenu le centre de mes conversations et j'y accordé beaucoup d'attention. Le dimanche aller à l'église me semblait ennuyant depuis ces temps-là et même pesant comme un sac des pierres. J'évoquais toujours des raisons pour n'est pas y aller pourtant je ne dépensais aucun sou au fait que c'était mon frère qui assurait le tout. Par contre, resté à la maison me rendait à l'aise, et j'avais tout mon temps à dissiper naïvement mes économies aux *«interdits»*.

Dans un temps plus avancé quand j'essayais de revenir à ma place initiale, reprendre mon droit d'ainesse, veut dire le *«vrai moi»* et que je tentais de les persuadés à se dépouiller de ce style de vie répugnant, ils se moquaient de moi et me disaient : *«Papa, olingi oteya biso lisusu nini ?*[23]*»* Enfin, ils avaient totalement raison les mecs puisque nous narrons ensemble les mêmes histoires vulgaires, se comportaient entièrement de la même manière et il n'y avait à vrai dire aucune différence entre nous comme ce fut jadis.

Mais vous savez ! Le mieux serait que ça me provienne au moins d'un de nous et non d'un incroyant. C'était comme si l'on m'enfonçait un burin dans le cœur. Je n'avais plus la paix du cœur. Ça me rendait dingue. Je me voyais comme perdu au milieu de l'Amazonie et qu'il n'y aurait plus de salut pour moi. Or, en réalité tout ne faisait que commencer puisque Bandal serait comme le berceau de ma déviation morale comme je l'ai préconisé au début.

***

[23] *Papa, que ce que tu veux nous prêcher ?*

Le prix de la mise à part
7.

«L'Entêtement tue à petits feux
L'entêté et ceux qui le subissent».

Patrick Louis RICHARD
Auteur-chroniqueur français.

«L'Entêtement c'est ce qui engendre les ennuis. Ne dites pas que vous êtes chrétien et que ça ne ferait rien car, clairement vous n'êtes pas plus consacrer que Samson ou meilleur que l'enfant prodigue. Comme la bible dit : «C'est pourquoi nous devons d'autant plus nous attacher aux choses que nous avons entendues, de peur que nous ne soyons emportés loin d'elles »[24]. Effectivement, nous devons tous prêter attention aux choses que nous entendons, car n'importe qu'elle personne, chrétienne soit-elle ou non, peut assurément aller à la dérive. Pour la bonne raison que nous avons besoin durant notre pèlerinage dans ce bas monde des gens eux-mêmes conscient pour nous révéler l'état dans lequel on se trouve».

Je suis aujourd'hui l'un des futurs jeunes architectes évoluant doucement mais assurément dans son coin, hormis mes autres casquettes. Malheureusement, dynamique. Une faille qui m'a était causée suite à une nuisible compagnie dont je faisais partir autrefois aux humanités.

En effet, mes collègues de classe me prenaient pour un *«gros poltron»* puisque je ne m'embarquais pas trop dans la quête des nanas comme ce fut leur habitude, mais aussi parce que j'avais une logique qui allait à leur encontre. Tout comme vous aussi d'ailleurs, j'aurais bien envie de n'est plus supporter l'humiliation que ces derniers me lançaient à chaque occasion propice. Pour cette raison, je m'affrontais constamment avec celle qui logeait ma cervelle et abdiquer malheureusement les multiples conseils qui me furent prodigués par certains de mon entourage, notamment ceux de ma communauté chrétienne qui voyaient comment serait déjà la suite du chemin abusif que je tentais d'emprunter, celui de faire partir de cette compagnie périlleuse.

Par conséquent, au fil du temps ma grande intelligence connaitrait une marche descendante et je perdrais mes valeurs sur le plan moral et spirituel comme je l'ai indiqué précédemment et que je n'ai retrouva plus jusqu'à preuve du contraire.

---

[24] *Hébreux 2 :1*

Juste un instant ! *Avez-vous déjà posé des questions sur les amis que vous fréquentez ? Comment sont-ils ? Ma compagnie est-elle un engin destructeur ou constructif pour ma vie ?* Voilà à mon avis les questions qu'un jeune raisonnable et soucieux de son avenir devrait se poser, car les compagnies dans lesquelles nous faisons partir presque tous exercent sur nous une influence négative soit positive. C'est ainsi que je vous amène au vif du sujet dans les lignes qui suivent afin que chacun de vous s'examine et en tire conclusion selon sa meilleure compréhension.

Bon, allons-y ! J'ai passé mon cycle humanitaire dans une école technique où la majorité d'élèves ne furent que des garçons bien que nous ayons quelques filles, visiblement que de peau. Naturellement j'étais timide. Néanmoins, cela ne m'empêchait guère de tisser des relations avec quelques mignonnes lycéennes qui étudiaient les après-midis. Ce fut un moment splendide pour moi, mais aussi escarpé d'une autre part, puisque très souvent pendant leurs échanges, tous les exemples avilissants qu'ils prenaient tournaient toujours vers moi.

Il y'avait certes ceux qui m'appréciaient, mais aussi nombreux ceux qui me prenaient pour un jeune homme archaïque vivant encore dans l'antiquité suite à mon style de vie qui se différait d'eux. Mais malgré toutes ces qualifications dénigrantes, je demeurais toujours ferme sur mes principes inexorables puisque j'avais un but précis pour lequel je luttais d'atteindre, la stabilité de ma vie, car plus jeune on m'apprenait que la conquête de nénettes appauvrissait. J'ai donc grandi dans cette philosophie-là. A cet effet, je consacrais entièrement mes heures aux recherches, à la révision des matières et je préparais aussi en avance les épreuves à venir avec une concentration soutenue.

Assurément, la moitié de mes collègues commençaient à m'aimer et quasiment tous nos enseignants en raison de ma vive intelligence particulièrement ainsi que de ma générosité à l'égard de tous. Des mois passèrent, ma marche scolaire roulée brillamment au point où je figurais toujours parmi les cinq premiers de ma promotion. Cela m'arrangeait bien et augmentait l'estime, la confiance en moi-même et à chacune de mes décisions prises. Souvenez-vous qu'au début je vous avais dit que le travail assurait toujours une suite satisfaisante.

Ainsi, au fil du temps et comme cela est également de coutume dans le programme scolaire, après avoir beaucoup creusé la cervelle à trouver des réponses, passé des nuits blanches à étudier, il fallait présentement dédier un bon moment de repos aux élèves. C'était justement à la fin d'année que le chef général des élèves *Miezi* ensemble avec sa comité, ainsi que la participation de nos autorités scolaires décidèrent d'organiser une journée culturelle. En fait, c'est une journée choisie par plusieurs écoles à la fin d'année, et les élèves s'y rendent pour se divertir.

Mais bien avant cela, moi et ma nouvelle compagnie dont plusieurs de ceux qui en faisaient partir provenaient également de Bandal, et que nous surnommâmes *«Dayton»,* ne pouvons en aucun cas louper ce grand événement puisqu'il nous permettrait certes de passer plus du temps avec nos petites amies. Entretemps, nous nous arrangeâmes à établir la différence ce jour-là en portant tous des Tshirts blanc, et c'est Job qui le proposa. Job fut le conducteur du groupe. C'est lui qui à plusieurs reprises décidait et proposait ce dont nous devrions faire. Il était le commandant en quelque sorte puis Michel et Fiston surnommé *«Soulja-boy»,* une bande d'hippies modernes trouvant jouissance de vivre à la corinthienne, pour tout dire dans l'anarchie, furent ses adjoints.

Notons aussi qu'il fut très populaire auprès des lycéennes en raison de son grand talent footballistique qui probablement attirait ces dernières. Et grâce à cela, il ne dupait pas moins de deux filles quotidiennement. Il était fort dangereux ce mec. C'est le genre de mec à qui on ne peut jamais confier sa femme, ses enfants, ni d'ailleurs ses biens.

Sans conteste, c'est une joie exubérante pour un jeune adolescent de se sentir attentionné. En ce jour, tout le monde avait sa petite amie lycéenne à ses côtés, ses bras autour de sa hanche, se donnant des câlins et contemplant la bonne ambiance qui régnait dans l'enceinte de l'institut et tous ces gens qui venaient de quatre coins de la ville voir ce qui s'y passait, car nous fûmes une école renommée. Les filles dandinaient à la vue des garçons portant des minus-jupes scandaleuses, robes transparentes qui faisaient voir la couleur de tous leurs membres et des pantalons collants qui dévoilaient leur anatomie parfaitement sculpter. Ces habits les serraient fortement et on croirait que leur peau était à nue.

D'un côté, des spectacles et des prodiges s'opéraient : une sorte de dance folklorique communément appeler *«ballé»,* ces gens vêtues en traditionnel s'effleuraient sans crainte la peau avec du feu sans être brûler, ils en sortaient de leurs bouches et dansaient comme des magiciens au rythme du tam-tam. On se croirait dans le film *«la vie est belle»* de papa WEMBA[25]. D'un autre côté, Le Dj sur le podium n'arrêtait pas de faire vibrer l'auditoire avec des chants à jour, ce genre de chants profanes qui aiguillonnent la sexualité.

[25] *Chanteur, auteur-compositeur et acteur congolais (1949-2016)*

De temps en temps, ces descendantes de la fille d'Hérodiade qui par sa dance nettement excitante causa la mort de l'apôtre Jean-Baptiste se bousculaient les unes contre les autres comme des cochons entrant dans la porcherie pour danser devant l'assistance en bougeant toutes leurs parties corporels sensibles. Aussitôt, je sentais comme si mes glandes salivaires perdaient quasiment toute leur réserve. *Où trouverais-je une ventilation ?* C'était chaud. Elles voulaient à ce que l'assistance leur accorde une attention scrupuleuse. C'était une sorte de compétition et il fallait les bougées intensément de manière à bouleverser mentalement les jeunes afin d'être loué. Enfin, tout le monde dansait, acclamait et poussait des grands cris.

Moi, j'étais choisi ce jour-là avec quelques-uns de ma salle, notamment : Christian MAYEMBA et Lydie ILENDA, une fille à la beauté attrayante et dont sa simple apparition tambourinait le cœur pour jouer une petite scénette devant l'assistance. La dite scénette portait sur un texte dont nous enseigna notre enseignant de français qui sans vous mentir avait la maitrise de la langue et un cerveau très bien rempli. Il s'intitulait *: «La marmite de Koka-Mbala»* de l'auteur congolais Guy MENGA.

Le texte relatait l'histoire de ce roi qui voulait qu'on l'amène sa femme, donc la reine, à la réunion qu'il tenait avec ses notables, pourtant interdit autrefois aux femmes de prendre part, ni d'ailleurs de soulever un quelconque propos. Voilà même raison pour laquelle un peu plus loin les notables contestaient l'acte subversif du roi ainsi que de la reine également qui de sa part semblait défendre la vie d'un certain jeune homme *Bikalu* qui devrait être exécuté pour avoir abolir également l'un des principes royaux.

Mais devinez qui c'était ce prof ? Mon père ! En vrai, je ne savais pas ce que la nature tentait de m'apprendre par cette coïncidence choquante. Dans ces conditions, j'approuvais de la peine à me concentrer quelquefois pendant ses heures à chaque fois que je me remettais en mémoire. Mais bon ! C'était mes études qui me préoccupaient les plus malgré tout.

Ainsi donc, c'est par cette occasion que ce dernier nous demanda d'en faire une petite scénette. Le jour propice arriva, je me préparai et nous entrâmes avec mes coéquipiers dans la grande salle de l'institut attendant ainsi notre tour de monter sur le podium. L'auditoire était bruyant et bondé des filles de toute série.

Tout le monde paraissait rayonnant. Je parie qu'en ce jour les garçons utilisèrent les fonds de leurs valises et nul doute certains les sollicitèrent même auprès de leurs amis pour qu'ils paraissent radieux. Perso, je me sentais vraiment fier de figuré parmi ceux qui devraient tourner cette petite scénette et surtout devant ma nouvelle petite amie âgée de deux ans que moi qui dans un coin resta ses petits yeux rivés sur moi. *Manima,* s'appelait-elle.

Elle figurait parmi les mignonnes et attirantes lycéennes que je connaissais en ces temps-là et dont plusieurs collègues, ainés et même professeurs faisaient la cour mais dont-ils n'arrivaient guère malheureusement à conquérir en raison de sa grande beauté et sa personne imposante. Elle mesurait environ un mètre vingt de taille et avait un teint un peu foncé. Elle avait des formes épanouies qui se déployaient toujours dans sa jupe d'uniforme qu'elle hisser de coutume jusqu'au niveau de son nombril, ce qui faisait que sa forme corporelle ressemblait parfaitement à l'oignon dévaster fraichement de la terre et ayant encore la ciboule.

De plus, sa chevelure envoutait son dos. Et sur son visage s'illuminait toujours un sourire bouleversant. Dire qu'elle était belle, signifie réellement qu'elle l'était. Sa silhouette était si séduisante qu'elle emballait conséquemment toute génération sans compassion sur sa trajectoire : Adolescents, adultes et peut-être aussi les vieux. Je l'a voyais très sublime dans sa petite robe noir qu'elle endossa, son petit sac noir qui pendait sur son épaule gauche et ses pieds enfuient dans une paire de talon grisâtre.

Tout bien pesé, elle avait un corps sur mesure et dont les membres fonctionnaient en harmonie comme en architecture en respectant la règle de proportion ainsi que de la symétrie en analyse-mathématique.

Je me sentais finalement en gentleman de me trimballer avec une petite amie à mes côtés comme tous les autres garçons et de faire partir du groupe qui devrait tourner cette scénette sur l'estrade. En ce moment-là, tous mes amis me louaient et disaient que j'étais un garçon moderne et moi je m'en réjouissais oubliant que je frayais à petit pas mon propre sentier vers la perdition. A la fin de cette petite pièce théâtrale, je descendais de l'estrade sous une salve d'ovations et des cris retentissant de tous les quatre coins de l'auditoire.

Vous savez, je trainais toujours avec eux peu importe combien ceux qui voulaient mon bien tentaient m'éloigner d'eux. En conséquence, dans la durée nous nous sommes cimentés comme les pierres dans les murs de la pyramide de sorte qu'il n'y avait plus de dichotomie entre nous comme ce fut autrefois. Je commençai à tenir des propos vulgaires, des débats inutiles, courir derrière les filles mais également des plaisanteries malsaines comme je l'ai indiqué dans les lignes précédentes.

Effectivement que je ne savais plus m'identifier. J'étais devenu semblable à la chauve-souris. C'est-à-dire, lorsque je me retrouvais avec ces derniers, j'articulais leur langage. De même que lorsque je me retrouvais au milieu des amis frères, je parlais et agissais également comme un frère. Je n'étais plus le jeune homme sérieux que je fus il y'a trois décennies passées et cela s'apercevait presque de tout le monde.

Chers lecteurs, je ne vous demande pas de changer radicalement. Mais partant de mon expérience, je pense vraiment que si vous vous mettez à suivre des amis qui ont perdu les repères, vivant dans l'anarchie, certainement que vous en payerez également le prix. J'ai serpenté ce chemin et croyez-moi c'est un chemin sans refuge. Devenez tout ce que vous voulez, mais ne prenez pas les risques d'être un hypocrite car comme on le dit, un hypocrite c'est une personne à double face constituant gravement un danger pour la race humaine.

Bref, je n'étais plus le *Pardonnez* d'hier, car mon identité changea et je me suis revêtu d'un autre masque, d'une autre casquette. Ensuite, baladant mon regard dans tous les quatre coins de cette immense salle après que je fus descendu du podium pour retrouver ma dulcinée, j'aperçu d'une manière confuse que plusieurs garçons portaient leurs copines sur les genoux et s'effleuraient sensuellement les lèvres. Les autres qui atteignaient déjà le paroxysme se titillaient et se frottaient l'un contre l'autre follement sans laisser le moindre centimètre entre leurs poitrines dans les corridors sombres et coins des murs timidement éclairés par des lampes à incandescence qui diffusaient une lumière jaunâtre.

De l'autre côté, à l'intérieur des locaux sur les bancs tout comme à l'extérieur sur la pelouse, tout autour des voitures en pleine réparation garées devant l'atelier mécanique ainsi que sous les ombrages des eucalyptus et manguiers qui laissaient leurs silhouettes presque translucides, ils s'embrassaient langoureusement sans vergogne de tous ces gens qui allaient et revenaient fréquemment. De mon point de vue, je pense que potentiellement c'était un acte sexuel le fait qu'ils faisaient cela, car il s'avère vrai selon la science que c'est dans les lèvres que se trouvent les glandes mâles et femelles. Et quand ces deux familles de glandes se rencontrent où que ce soit, ils constituent sûrement un acte sexuel.

En outre, pendant que le Dj continuait d'ébranler l'auditoire avec le son de sa musique qui s'entremêlaient avec les bruits des voix, d'un autre coté certains créèrent aussi les uns et les autres dans leurs coins d'autres salles de spectacles d'où sortaient des supplications ainsi que des gémissements qui ne pouvaient s'entendre de l'autre côté suite à la diversité de la foule ainsi que de bruits. On se croirait à la maternité durant la phase d'accouchement. J'ai failli m'évanouir. C'était horrible. Vraiment horrible. L'immoralité avait atteint tellement sa cime même dans les écoles comme il en est de même aujourd'hui qu'elle était devenue malheureusement un style de vie chez les jeunes, prétendant être les futurs piliers de notre nation.

J'étais ébahi. C'était tellement surprenant pour moi puisque je n'ai jamais vécu de telles scènes considérablement érotiques. Mais ce n'était pas fini. En réalité, ces évènements étaient comme les signes précurseurs de ce qui m'attendait. De loin, au fond de la salle il y'avait ma blonde assise d'une position provocatrice sur un banc dardant sa langue comme une vipère, me dévorant des yeux et la tirette de sa robe déjà zipper qui laissait entrevoir ses grosses pamplemousses verdâtres. C'était ce moment où vous vous sentez perdu dans vos pensées.

J'estime que c'était l'une des décennies d'où l'immoralité sexuelle chez les jeunes était en hausse. Et je pense qu'à chaque fois que la perversion, la dépravation de mœurs ou encore l'immoralité sexuelle influencent la jeunesse cela entraine la mort et marque finalement l'effondrement comme dans la genèse lorsque les fils du clan de Dieu eurent se livrés à la fornication avec les filles des hommes, durant la reine de l'empire romain d'où la sexualité joua un rôle capitale dans sa dislocation ou encore à la fête de Baal-peor d'où une fois de plus le clan de Dieu eurent se prostituer avec les filles moabites et qu'ils moururent vingt-quatre milles ce jour-là.

«Ce qui a été, c'est ce qui sera, et ce qui s'est fait, c'est ce qui se fera, il n'y a rien de nouveau sous le soleil. S'il est une chose dont on dise : c'est nouveau ! Cette chose existait déjà dans les siècles qui nous ont précédés[26]*».* C'est justement ce jour-là dont j'ai vu cette écriture s'accomplir clairement sous mes yeux car, ce qui arriva dans les décennies soixante et septante durant le mouvement populaire de la révolution féministe d'où les jeunes étudiants plus particulièrement voulaient créer une société transgressant les principes incontournables et les fondements originels de la première de toutes les institutions, le mariage, était de nouveau apparut. Veut dire, une société permettant sans contrainte la liberté de la sexualité hors du mariage. Ces derniers envahissaient les rues et réclamaient la liberté de la sexualité non-procréatrice, l'égalité de sexe, la légalisation de contraception et de l'avortement. Les jeunes filles particulièrement étaient devenues folles.

Lucidement, on pouvait les répertoriés surtout du point de vue vestimentaire exactement comme il en est de même aujourd'hui : pantalons collant, mini-jupes, seins nus, etc...De mon point de vue, je pense que ce genre

[26] *Ecclésiastes 1 : 9-10*

de comportement sexiste n'est pas fini, mais il a juste prit un autre aspect. En fait, ce qui est déplorable aujourd'hui est qu'il est devenu par contre une loi validée par les prétendus intellectuels. Honte à vous ! Effectivement, le monde ne progresse pas, mais il tourne plutôt continuellement au tour de lui-même puisque nous ne vivons nettement que l'alternance de ces jours catastrophiques. Que ce qui nous reste encore ? Tout roule à l'envers de la normalité.

Elle s'allongeait par traction comme une tigresse en position d'attaque. Quand j'ai vu cette charmante petite gazelle dont j'envisageais autrement faire la libertine, se dressait et se redressait dans tous les sens comme une armature dans les mains d'un ferrailleur et s'approcher de moi avec toute sa ruse comme un serpent à la vue d'un oiseau, je fus enveloppé d'une grande terreur. Combien cet événement que je vivais à l'instant me rendu anémique.

Au-delà de tout, je voulais à tout prix bannir cette opprobre que m'ont revêtus mes collègues de classe, mais le locataire de ma caboche ne cessait pas de me faire revenir à la raison avec un tas des questions : *«Que gagnerais-tu enfin ? Est-ce nécessaire que tu le fasses ?»* C'était un défi. Je suis resté paralysé pendant un moment sans sortir un seul mot et l'a regardais droit dans les yeux.

Alors, brutalement elle me tira contre sa poitrine visiblement juvénile occulter dans sa robe noirâtre déjà zipper et me dit en pressant ses doudounes : *«Tu en veux ou tu fais toujours le prédicateur Swalu ?»* Je ne savais pas quoi lui dire honnêtement. Mon cœur battait si vite et mes lèvres tremblotaient également. Puis elle poursuivit farouchement : *«Tu ne pas comme tous les autres garçons de ton âge, tu ne t'éclates pas et ne sais même pas te lâcher devant une fille ? Je confirme vraiment ce que disent tes collègues. Tu ne qu'un gros poltron et je regrette de t'avoir connu»*. Elle me parlait de façon ostentatoire au point où l'attention de mes collègues et de ceux qui nous entouraient tourna vers nous. Je voulais régler ça confidentiellement. Mais hélas ! Elle était toute furieuse comme une mère chienne venant d'accoucher.

Donc, je lui dis : *«Et si nous allions déguster un jus de fruit au kiosque ?»* Au fait, c'était le genre d'idée banale qu'une fille n'accepterait jamais en ce moment-là. Les experts dans ce domaine les savent. Elle me rétorqua : *«Pauvre peureux»*. C'était l'expression la plus répugnante que je ne voulais jamais entendre de mes oreilles. Par conséquent, mes collègues qui observaient de loin cette scène se moquaient de moi. J'étais humilié. Pour moi c'était une défaite.

Honnêtement, je ne savais pas comment géré une fille. Par contre, les autres baladaient avec plusieurs copines à la fois, et ça ne leur disait absolument rien rompre avec une fille. Ils ne couraient derrière cette légion des filles que dans le seul but de se satisfaire voluptueusement. La recherche persistante du plaisir sexuel était leur seul intérêt comme c'est le cas aujourd'hui, ensuite s'en tiré la gloire et se faire une vedette auprès de ses amis.

Autrement dit, lui et ses coéquipiers avaient l'habitude de combiner plusieurs copines. Chacun manœuvrait trois à quatre copines dans un même lycée et peut-être se connaissant étant collègues mais pourtant des rivales sous un autre angle. Ils les géraient comme des vrais gestionnaires d'entreprise. C'est-à-dire, chaque jour à chacune son heure de réception. Ces mecs étaient des vrais experts en chronométrie.

Outre cela, lorsque nous sortions et que c'était leur tour de regagner les locaux, la plus part du temps nous les trainions une trentaine de minutes dehors pour un petit entretien, et le soir Job passait me prendre chez nous et nous rentrâmes au lycée pour les récupérées. Profitant donc de l'absence de ma mère certains jours, nous nous permîmes de faire fuir nos petites amies lycéennes pour les conduire souvent chez nous. Ensuite, chacun se sentait à l'aise et faisait tout ce qui lui semblait bon avec sa copine. C'est devenu par la suite notre seule préoccupation.

Cependant, il m'était absurde d'être un peureux. Je me disais : *«Comment est-ce possible ? Je suis également un jeune homme complet comme tant d'autres, et j'ai aussi la possibilité et les qualités suffisantes pour taire cette ignoble fille et relever ce défi.»* Elle arrangeait tellement furieusement ses cheveux ainsi que sa petite robe noirâtre ample jusqu'aux genoux d'environ vingt centimètres qu'elle endossa. Aussitôt qu'elle voulait faire éruption au milieu de cette marée humaine qu'inondait la salle de la cinquième électricité se trouvant à proximité de là où se déroulait les spectacles, je l'ai saisis par sa hanche presque flexible comme la patte de farine dans les mains du boulanger, l'a traina dans un coin et l'a tira de toutes mes forces contre ma poitrine. Mes mains au tour de sa hanche, je pouvais à peine sentir l'intervalle qu'il y'avait entre ses cotes. Son cœur battait si fort à tel point que sa poitrine se soulevait d'une seconde à l'autre puis elle frissonnait. Malgré que j'essayais de me comporter comme un professionnel, mais au fond je tremblais. Alors, aussi déterminer que j'étais, je l'embrassai subitement sans la moindre idée de ceux qui nous regardaient en marmonnant. Néanmoins, moi tout ce qui m'arrangeait c'était bien ce que je faisais à l'instant. La fornication était devenue ma vie et je conduisais dès ces moments ma vie au rythme de comment eux menaient également les leurs.

Quelques temps passèrent après que je me retrouvai dans cet état de rétrograde comme cet enfant prodigue dont parlent les saintes écritures qui dissipa tout son héritage, sa puissance suite à la mauvaise compagnie, je me suis rendu compte que je tombais encore et encore plus bas, mais pourtant je n'avais toujours pas la force d'abdiquer ça.

Par la suite, je résolu quand-même de me retirer un tout petit peu. C'était une vie que je ne méritais pas logiquement. Je voulais me repentir de mes actes. Mais je n'arrivais toujours pas. Mes pieds étaient déjà en route pour quitter ces vieux amis immoraux mais cette soif d'y rester était toujours présente et persistante. C'était plus fort que moi. Savez-vous que le péché c'est comme un aimant ? Il crée une attraction. C'est-à-dire que de la même manière que le Saint-Esprit attire la grâce et toutes les bénédictions de Dieu, le péché lui il attire la culpabilité, la pareuse, l'arrogance et tous les autres maux conduisant finalement à la ruine.

Donc, je résolu de tourner la page en commençant par valouser ma petite amie. Je ne savais pas comment procédé. Chaque minute, chaque heure et chaque jour qui passait était une interrogation pour moi à ce sujet. Après qu'elle consomma son repos médicale puisqu'elle était intervenue, trois mois plus tard, je pris courage et l'appela. La tension était forte. Je ne savais pas quoi dire et quelle serait finalement sa réaction.

Sous cet ombrage de branches du manguier de nos voisins qui débordèrent dans notre enceinte et le vent doux qui agitait légèrement les fleurs, un silence de mort nous prônait. Ayant pris courage enfin de compte, je lui fus part de ce qui était l'objet de notre rencontre et combien cette décision dont j'étais sur le point de prendre pour le bien-être de tous peu importe ce que ça devrait me couter était si importante et aussi une mesure préventive contre un futur malheureux, finalement je l'avouai qu'on ne pouvait plus continuer.

Elle était toute bouleverser et ne savait plus quoi dire. Son état sanitaire ne lui permettait d'être assez audible. Elle tentait d'en être mais ça ne marchait pas. Toute la peine et le regret qu'elle ressentait ne se traduisait que par ce torrent de larmes qui ruisselaient abondamment sur ses jougs. Elle me suppliait et pleurait à chaudes larmes. Jamais je n'espérais la voir dans cet état. Soudain, je pleurais aussi. Ce n'était pas facile. Oh ! Combien mon cœur était brisé en le voyant pleuré. Mais peu importe combien ceci m'était choquant, il était extrêmement nécessaire que je demeure ferme sur ma résolution pour mon bien être. Son bien être aussi. Et par la suite, je fini également par isolé tous ces vieux amis qui me tiraient toujours vers le bas.

En définitive, *montrez-moi vos amis et je vous montrerais votre futur*, a dit Marc MEROS[27]. Mais comme l'a dit également Aziz HARROCH, fondateur de H5 Motivation qui est l'une de grandes plates-formes de motivation : *«Je pense que l'une de clés de la réussite, c'est ton entourage, ta famille, tes amis, tes collaborateurs. C'est pour ça tu vas bien le choisir…Il ne tient qu'à toi de choisir les personnes qui seront bénéfiques dans ta vie. Si tu traines avec des personnes qui te descendent vers le bas, tu vas le regretté toute ta vie. Par contre, si tu traines avec des personnes qui sont peut-être meilleures que toi, ça va te pousser à monter, ça va te pousser à t'améliorer. Choisis bien les personnes avec qui tu traines»*.

Ensuite, de cette expérience j'ai appris que tout dans la vie n'était qu'une question de choix. Etre bon ou mauvais résulte aussi d'un choix. Si vous choisissez de vous baladez avec un groupe spécifique des personnes, bonnes ou mauvaises vous semblent-elles, certainement qu'un jour vous deviendrez également ce genre de personne, car nous sommes toujours déterminés par nos choix.

***

[27] *Ancien catcheur américain*

Famille Unie
8.

«La famille, c'est l'Amour.
C'est tout ce qui compte.»

Lyne MENARD
Clinicienne française.

«Enfin chers lecteurs, dans cette présente fraction de mon histoire, je vous conseillerais peu importe combien la situation dans laquelle cette personne qui vous a était chère vous ait mit, un mari, un père, une amie, un cousin, un frère ou une sœur, quel que soit sa gravité, Jésus a dit : «Vous êtes mes amis, si vous faites ce que je vous recommande[28]». Ainsi donc, ayez toujours un temps précieux pour «pardonner» les erreurs et failles des autres, car le pardon fait aussi partir des recommandations fortes de Jésus à ceux qui se font appeler ses amis. Et le pardon est également l'une des voies qui vous conduit aux prestigieux moments de joie, de paix et de bonheur que vous souhaitez vivre réellement et pleinement. En pardonnant aux autres vous ne les faites pas seulement du bien, mais vous vous délivrez aussi des peines bénévoles que vous vous infligez. Pour ma part aujourd'hui, je ne m'en veux à personne ayant était actrice d'un certain rôle dans cette histoire, néfastes ou bénéfiques fut-elle, dans la mesure où je crois qu'elles restent avant tout des êtres imparfaits. Et quoi que bouleversant, déchiqueté et crevassée fut mon enfance, néanmoins je crois que chaque scénette jouée par chacune de ces personnes fut que je devienne celui que je suis aujourd'hui et aussi en voie de devenir, car rien n'arrive au hasard. Tout part toujours d'un programme tracé avant l'existence de toute œuvre. A toutes ces personnes, je dis grand merci».

Des semaines, mois et années passèrent, mon père, ma marâtre ainsi que mes consanguins finirent également par rejoindre la capitale. Honnêtement, cet exode rural n'a pas éteint le feu qui fut allumé autrefois car, partant des parents jusqu'à nous il n'y avait pas un sincère élan de partage ou de fraternité. Mais jadis à mon jeune âge, un groupe spécifique de gens me disaient qu'*aucune famille n'est parfaite : on se dispute, se critique et il arrive aussi quelquefois qu'on reste en silence chacun dans sa sphère plusieurs décennies. Mais la bonne nouvelle est qu'au final, la famille demeure toujours inexorable, car elle est sacrée.* D'où, d'après moi je pense que le seul antidote pour prémunir un futur lumineux de ceux qui en font partir n'est rien d'autre que le

[28] *Actes 15 : 14*

«pardon». Dommage, mes parents ne s'en rendront compte qu'après plusieurs décennies d'accusations réciproques ainsi que des batailles perdus d'avance.

Puis, après cette réciprocité d'accusations quelques fois spécieuses ici et là mettant sans le savoir leur réputation en péril, au travers des conseils de serviteurs de Dieu, collègues du travail et de leurs amis, ils décidèrent finalement de voir dans une même direction pour l'intérêt de leur *«héritage»* que nous étions, car notre réussite plus tard dépendait aussi de leur présente marche. A cet effet, perpétué cette ébullition qui régnait entre eux rendrait sans l'ombre d'un doute notre avenir encore incertain et nous plongerait dans une décadence totale alors que plus lointain dans le passé nous avions déjà perdu ce qui faisait notre force et l'objet même de notre progrès, *l'amour*.

Cependant, comme disent les sages de ce monde : *«chaque chose prend fin au fil du temps»*. Désormais, tout ne serait plus comme avant. Toutefois, je dois aussi mentionner que peu importe combien semblait se redresser les choses, malheureusement ma mère demeura inébranlable dans sa résolution d'autrefois, celle de n'est plus revenir dans cette union conjugale suite à toutes ces réalistes maussades, mais aussi puisqu'au-delà de ça le mariage polygamique n'était pas soutenable dans notre confession. Aussi, comme l'a dit Paulo COELHO[29] de Souza : *«Toutes les batailles de la vie nous enseignent quelque chose, même celles que nous perdons[30]»*. En ce qui me concerne, je pense qu'au regard de tout ce malheur qui frappa ma famille, j'ai fini par comprendre que parfois nous avons besoin d'une séparation totale avec certaines personnes qui nous font vivre une pareille scène éblouissante pour enfin nous réveiller et faire un grand pas qui nous acheminerait vers une progression durable. Evidemment, dans ce contexte il a fallu en quelque sorte un événement furieux de cet impact pour que ma mère tressaute de son profond sommeil et se fasse affranchir de cette emprise d'où-telle était clouée près de deux à trois décennies passées.

Ceci me fait également souvenir les paroles de l'auteure et conférencière Nancy-Levin dans son livre ***«Se lancer…pour vivre sa vie»*** : *«…Je vivais dans un tel déni qu'il m'avait fallu un événement (*divorce*) de cette ampleur pour me réveiller»*. Pourquoi dis-je ça vous vous demandez ? C'est tout simplement parce que le divorce de ma mère lui canalisa la croissance dans plusieurs domaines et lui donna également accès de vivre sa vraie version en réveillant la femme brave, forte, courageuse et talentueuse qu'elle fut endormit durant plusieurs années. Cette séparation au-delà de tout lui fut riche d'une grande évolution en réalité. Voilà pourquoi je vous dirais que la séparation dont

[29] *Romancier, journaliste et interprète brésilien*
[30] *Romancier, journaliste et interprète brésilien*

je ne vous encourage pas non plus, mais sous une autre tournure de la vie peut aussi être une délivrance et un moyen de prospérité pour vous à tout égard...

Ainsi donc, dès ce moment mon père retrouva presque véritablement sa nature originelle et sa casquette de *«guide»*. Désormais, il nous rendait visite constamment, chose qui ne figurait plus sur la liste de ses priorités il y'a bien des années, et mes études ainsi que ma conduite devinrent en ces moments sa priorité car, j'aimerais qu'un jour vous m'enterrez avec honneur, me disait-il. Aussi, celle qui autrefois était ma marâtre était devenue nettement ma mère et mes consanguins également qui semblaient depuis les temps anciens inexistant sur un certain nombre des points me devinrent approximatifs. Les gens qui connaissaient notre passé certes étaient surpris du changement qui s'opéraient entre nous puisque cette famille longtemps crevassée était à présent rafistoler.

Chers lecteurs, honnêtement je ne saurais pas vous dire tout ce que j'ai vu, appris ou entendu de mon père bon ou mauvais soient-ils, sinon je risquerais d'écrire une histoire infinie. Mais en guise de conclusion, retenez qu'au soir du vendredi 01 janvier 2021, à deux mon père me parla des choses hyper importantes qui resteraient inoubliablement gravé dans mon cœur dont «l'unité» était la plus importante. En toute franchise, je ne pensais plus qu'un jour je pouvais aussi m'assoir avec mon père comme tant d'autres enfants et entendre son cœur s'éclatait.

Ces paroles étaient si profondes à tel point que mes yeux étaient déjà remplis des larmes. Alors, il m'a dit : *«Ce n'est pas quand je mourrais que je vais te parler. Aimez-vous ! Aime tes frères, tes tantes peu importe leur présentation, car ce sont celles-là que Dieu m'a donné. De tous tes ainés tu es le seul qui a entièrement hérité mon nom et ce n'est pas pour rien. C'est puisque tu es la référence et le papa de la famille. Que papa soit là ou pas sache que c'est toi le papa de la famille. Ce n'est pas le fait de croire à ceci ou cela qui t'amènerait au ciel. Mais l'amour ! Et si tu n'as pas l'amour, ah là le ciel est carrément fermé pour toi papa. Je ne mourrais pas maintenant. Vous allez étudier et vous serez utile. Je verrais vos enfants et je les porterais...Mais vous, soyez UNIS.»* Et jamais je ne trahirais ces paroles mémorables.

«L'Amour triomphe toujours, car c'est la mère de l'unité.
Et lorsqu'on demeure unit, nous formons un bloc rigide
capable de résister à n'importe quel coup du marteau.»

Pardonnez SWALU
Auteur.

DEUXIÈME PARTIE

POURQUOI ?

«Réfléchissons et voyons ce qu'il en est réellement»

*«Nos enfants sont notre espoir, notre devoir :
les aimer, soigner, instruire et éduquer.
Ainsi nous les préparons à devenir
de bons citoyens utiles...»*

Mustapha RADID
Avocat et homme politique marocain

«Je tiens à signaler dans cette parenthèse que tout ce qui y sera dit n'implique pas tous les parents à cent pourcents, car l'exception ne manque jamais, dit-on. Mais comme cela est de coutume dans la vie, peu importe combien semble mieux se conduire ou faire la particularité un groupe spécifique des gens sur un certain nombre des points, c'est toujours la majorité qui triomphe. Et donc, c'est sur la majorité que j'ai rivé mes yeux, et sur base de ça, j'ai pu conclure ce que vous découvrirez dans les paragraphes ci-dessous de cette partie enseignement faisant suite à la première comme vous l'aviez lu à l'introduction».

De nos jours, il est presqu'impossible d'ouvrir un article sans lire le problème de la délinquance juvénile. De mon point de vue, je dirais qu'il est même le sujet flamboyant de l'actualité et l'un des principaux maux dont souffre gravement la société moderne. En premier lieu, je suis tout à fait persuadé que vous aviez déjà entendu parler de ces enfants demeurant dans les artères publiques et coins des rues de notre capitale dénommé *«shégués»* par les kinois?

Certes, tous nous savons bien et croyons d'ailleurs que ces pauvres jeunes garçons et filles n'y sont pas nés ni prédestinés à y vivre. En ce qui me concerne, je crois que la rue n'engendre pas d'enfants. À cet effet, il serait donc trop cruel de tenir des propos méprisables à l'égard de ces derniers, comme quoi *«enfants de la rue»* dans la mesure où des milliers d'entre eux n'ont pas choisis cette option de demeurer dans les rues et artères publiques. Sur ce, il est important à présent de savoir que si l'on retrouve tous ces jeunes en péril et dans ces conditions totalement inappropriées, quant à moi, c'est parce qu'il y'a une faille, une déficience quelque part. *Mais c'est quoi vraiment le problème ?*

Comment ce sont-ils retrouver dans cette pénurie ? Pourquoi seulement un groupe spécifique d'enfants ne jouissent de ces faveurs que la vie offre et pas eux ? C'est une question de prédestination ou juste des nombrables tristes réalistes que la vie nous calque au quotidien ? Les réponses à toutes ces questions pertinentes se trouvent juste dans les paragraphes qui suivent. De ce fait, si vous voulez découvrir ce qu'il en est réellement, je vous demande de lire fidèlement cette deuxième partie car, je crois qu'à sa suite vous serez parfaitement outillé en connaissance pour faire face aux fléaux du siècle.

Mais tout d'abord, je me tiens de signaler que s'il y'a la présence d'un torrent qui se déferle sur la plaine, cela prouve suffisance qu'il y'a là quelque part un endroit, une source d'où-t-il tire son origine. Rien n'arrive au hasard, dit-on, car derrière chaque situation se cache toujours un message à décrypté, une raison bien précise. D'où, partant de toutes ces conditions dont nulle n'aurait voulu passer mais que ces derniers ont agréé puisqu'ils n'ont pas d'autres options, cela nous entraine intégralement à comprendre qu'il y'a également une raison majeure bien cadrée qui a fait d'eux ce qu'ils sont aujourd'hui, les a placés d'où-t-ils vivent et les a imposés aussi ce style de vie.

Mais qu'elle est vraiment cette raison ? Spécifiquement, cette question pertinente demeure depuis les temps révolus au cœur des multiples débats mais dont-ils n'ont guère malheureusement trouvé la vraie raison ou origine. Sur ce, chacun interprète et pousse ses arguments selon sa compréhension de la chose. Les églises, les écoles, les universités et même les médias en parlent sans arrêt à longueur de la journée, mais dommage qu'ils loupent la vraie cible à côté.

Et par manque d'une vue perçante pouvant permettre de voir nettement ce qu'il en est réellement au-delà de cette confusion qui anime la majorité et de toutes ces accusations clairement fallacieuses qu'elle pousse à mon avis, par conséquent, l'opinion générale pense que cette raison semble être un mystère. D'après moi, je suppose que tout ce qu'ils avancent comme raison n'est rien d'autre que les attributs ou branches de ce maux. C'est ainsi qu'au regard de toute cette confusion, je trouve qu'il convient donc parfait dans son ensemble de portée finalement des études répétitives approfondies pour arriver à cette raison, source, origine ou cause majeure.

Dans ce même fil d'idée, j'aborderais les trois questions suivantes qui nous aideront à aboutir à la suite de ce souci :

A. *C'est quoi la délinquance juvénile ?*
B. *Quelle est son vrai agent causal ?*

C. Et quelles sont les attitudes et responsabilités des parents à l'égard de leurs jeunes garçons et filles pour lutter contre cet éboulement ?

Sans faire beaucoup d'acrobaties, je crois que j'irais directement au vif du sujet. Bon allons-y ! Personnellement, je crois que pour que l'enfant se réalise et soit utile au futur, il a pleinement besoin d'évolué ou grandir dans un environnement, un foyer d'où prône la stabilité, la joie, l'harmonie, la transparence, la réciprocité, mais aussi d'où les parents assument parfaitement leurs tâches et se montrent surtout «affectifs» car, la famille demeure pratiquement le tout premier milieu qui influence négativement soit positivement le comportement futur de l'enfant.

C'est-à-dire que, l'atmosphère qui imprègne cette famille dans laquelle il grandit pourrait probablement être un vecteur progressif qui l'entrainerait à la réussite ou régressif par contre qui malheureusement le vautrerait dans une coupe amère d'où-t-il aura de la peine à se tiré. Et je crois qu'au cas où ces derniers n'en sont point à la hauteur, c'est ainsi que très souvent d'un côté ces jeunes embrassent la rue, pataugent dans la boue de la misère, de la méchanceté et se transforment en délinquants plus tard.

Je commence primo par aborder la première question qui portera sur : C'est quoi la délinquance juvénile ? Et je voudrais que vous m'accordiez méticuleusement votre attention. En guise de définition, personnellement je définis la délinquance juvénile de manière synthétique comme étant l'ensemble des actes monstrueux posés par les jeunes. Ces actes pourraient bien-être : le banditisme, la prostitution ou l'immoralité sexuelle, l'ivresse, etc....Tous ces maux n'est sont en réalité que les attributs de ce séisme si on les analyse avec finesse car, sans doute il est le géniteur de tous ces maux et de tant d'autres existants dont souffrent gravement les jeunes aujourd'hui.

En effet, il s'avère vrai à présent et sans l'ombre d'un doute que nous vivons dans un monde d'où nos responsabilités incontournables semblent perdre leur élan depuis les temps anciens. Tout le monde de nos jours s'accorde seulement à penser peut-être que la raison pour laquelle ces pauvres jeunes filles et garçons sombrent ou croupissent dans la pénurie c'est parce qu'ils ont tournés le dos de l'école, université ou sont ensorcelés d'une autre part.

En ce qui me concerne, je pense que le problème aujourd'hui est que les parents majoritairement ne réfléchissent pas assez profondément et manquent une vue perçante comme je l'ai dit à priori pouvant le permettre de trouver ce qu'il en est réellement. Par conséquent, plusieurs d'entre eux accusent fermement la société moderne d'en être à la base ou d'ailleurs selon eux la vraie raison destructrice de leurs jeunes gens suite à sa croissance dans divers secteurs et ses progrès technologiques plus précisément. C'est-elle qui les font également grandir, disent-ils.

Or, nous apprenons un peu plus loin d'Aristote que la plus ancienne société de toutes les sociétés et la seule naturelle est celle de la famille. Donc, nous voyons déjà à présent sans même approfondir le sujet qu'au-delà de toutes ces accusations clairement superficielles, que ces derniers ont oubliés un élément extrêmement important, *«la famille»,* est que seule la famille lorsqu'elle est redressait et bâtit sur un bon fondement étant aussi la colonne vertébrale de la nation est le seul antidote efficace qu'il nous faut aujourd'hui pour enrayer cette pandémie mortelle ravageant quasiment toute l'étendue globale qui n'est rien d'autre que la *«délinquance juvénile».*

Vous croyez vraiment à ce mythe Pardonnez ? Tous doucement chers lecteurs. Nous irons progressivement à la découverte de cette philosophie en l'accompagnant de petits exemples qui nous faciliteront une meilleure compréhension afin que nous aboutissions à une suite logique. J'ose croire d'ailleurs avec vous qu'aucun enfant au monde n'est né délinquant n'est-ce pas ? Parfait ! Ce qui veut dire en toute clairvoyance qu'au départ tous ceux dont Isaac absorbe comme nourritures, paroles, attitudes, formation et toutes sortes des réalités proviennent de ce lieu et dépend également de ce lieu-là. Il forge en lui d'une manière ou d'une autre un certain caractère qui l'acheminerait vers une direction donnée plus tard.

Et ce lieu c'est la *«famille»* comme nous l'avions découvert dans les lignes précédentes. Oui, la famille ! Elle est *«l'université»* d'où chacun a appris quelque chose, *«une matière».* Puis, de cette matière y apprit là chacun tente d'*«influencé»* le monde dans son coin. Oui ! Ce que nous devenons au futur n'est pas un fruit du hasard, mais plutôt la matérialisation de la dite matière y apprise là. Voilà raison pour laquelle Christian DINO BATSI[31] confessa dans son roman ***«Une Cure d'Amour»*** que sa *famille restait pour lui la **«meilleure école»** qui puisse existée d'où l'amour était son premier enseignement.*

Assurément, cette influence familiale lui prônerait toujours peu importe les longues études qu'il poursuivrait dans l'avenir, car c'est une sorte de transmission qui s'est faite. Son attitude et son éducation seront liées comme le nombril au ventre à ce qu'il a reçu comme base dans sa famille et il en manifesterait possiblement sous divers aspects. C'est ainsi qu'autrefois quand nous fûmes enfants, il nous a était enseigner qu'il existait logiquement trois milieux éducatifs qui sont : l'église, l'école et la famille, hormis les autres

[31] *Auteur congolais*

milieux propices éducatifs dans d'autres contexte, notamment : les médias, les réseaux sociaux, les lectures, le net, la télévision, etc…

Mais voyez que de tous ces milieux éducatifs, il nous a était appris que le plus dominant ou influent dans le processus de l'éducation et de l'orientation de l'enfant était la *«famille»,* puisque depuis les temps reculés elle demeura considérablement la base, le socle de la réussite ou encore de l'échec en cette matière jusqu'à ces jours.

D'après moi, je ne crois pas qu'on aborde à première vue cette question de la délinquance juvénile sans toutefois faire recours à la délinquance parentale comme l'explicite William Marrion BRANHAM[32] dans plusieurs de ses sermons, entre autres : *Un son confus, l'alliance confirmée d'Abraham,* car c'est de ça qu'il s'agit réellement.

A cet effet, succinctement je tenterais de martelé un peu plus sur la famille au mieux de ma moindre connaissance, mais tout en convergeant singulièrement mes pensées vers les parents, car ils en sont les vrais icônes majeurs. Je sais bien que plusieurs lecteurs ne seront peut-être pas du même avis que moi sur ce qui sera dit, mais je tiens tout simplement à vous montrer ceci en toute franchise en survolant le naturel et le spirituel sans toutefois vous contraindre à une pensée révolutionnaire comme je l'ai préconisé dans le premier paragraphe du chapitre présent.

Donc, dans l'ensemble nous voyons que sous plusieurs aspects de la vie les parents de façon plus pragmatique furent la vraie cause majeure de l'effondrement juvénile et des conditions précaires dans lesquelles vivent ces derniers, notamment suite à leur style de vie conjugale principalement ainsi que de différentes attitudes qu'ils manifestent au quotidien de manière directe ou indirecte.

Effectivement, il est claire que l'enfant soit le principal agent de son éducation et qu'il a également le libre arbitre d'agrée ou d'abdiquer les multiples influences qui proviennent du monde extérieur ; mais je crois aussi que les semeurs étant donné que lorsque l'enfant est au stade de sa croissance est encore informe et vide, qu'il ne porte en lui aucune semence et qu'il est comme une terre fertile ou disons un vase vide dans lequel une semence devrait-être planter plus tard, donc, les semeurs ou éducateurs qui sont ses parents ont ainsi pleinement intérêt de lui conduire dans la direction de cette éducation qu'ils lui fournissent pour qu'il en soit plus tard le reflet. C'est pourquoi nous

---

[32] *Prédicateur et évangéliste américain*

conseille le grand sage Salomon qu'*«instruis l'enfant selon la voie qu'il doit suivre ; et quand il sera vieux, il ne s'en détournera point*[33]*»*.

Autrement pour dire qu'un enfant issu d'une famille ordonnée, instructive, harmonieuse, peu importe les pressions auxquelles il ferait face au futur durant sa croissance, il serait pratiquement *«difficile»* qu'il aille complètement à la dérive puisqu'il porte en lui une *«semence»* comme je viens de l'indiqué dans les lignes précédentes qui constitue *«sa balustrade»* ou *«sa ceinture de sécurité»* en cas de *«turbulence corporelle»*. Voyez-vous ? Il serait comme un édifice bâtit sur un terrain rocailleux. Fougueux serait-il le vent, il ne serait pas ébranlé, car il est affermit sur un solide fondement. Et ce fondement solide qui est l'éducation de base, la discipline, l'amour, l'harmonie, la paix et toutes les autres valeurs morales, intellectuelles ou encore spirituelles qui lui sont inculqué dès le bas âge par ces derniers.

En revanche, Johann Heinrich PESTALOZZI[34] nous apprendra malheureusement que *«Celui qui n'est pas passé dans la discipline d'une famille bien ordonnée* (éducative) *malgré les dons et les talents qu'il puisse avoir ne pourra que s'égarer misérablement dans le pauvre monde»*. Dommage, celui-ci serait comme une maison en pilotis battit sur le sable mouvant. Plus tard la tempête vient et la virevolte dans les airs.

Il en est de même d'un soldat qui se prépare pour aller sur le champ de bataille. Avez-vous déjà vu un soldat aller à la guerre sans toutefois étudié les diverses pistes de l'ennemi et comprendre ses tactiques ? Ça serait de la folie pas vraie ? Sachant donc que c'est une bataille ardente, une guerre qu'il faut remporter à tout prix pour bâtir une nation flottante, le commandant en chef dans notre contexte qui est le parent doit initialement l'apprendre sur base non seulement de la connaissance, mais surtout de ses expériences personnelles vécues les armes que l'ennemi utilise, les pièges qu'il tend et comment ferait-il lorsqu'il serait face à telle ou telle autre situation afin qu'il n'aille pas à la perversion, la dérive ou soit abattu sévèrement par son adversaire.

Ainsi se présente également l'architecture de l'éducation de l'enfant. De nos jours, nous voyons donc que le commandant en chef s'est désarmer complètement de sa casquette de guide et a retourner également sa veste de ses totales responsabilités. On a presque plus des parents qui peuvent dire : *«Ce que nous avons entendu, ce que nous savons, ce que nos pères nous ont racontés, nous ne le cacherons point...*[35]*»*. L'on voit partout combien les jeunes se

[33] *Proverbes 22 :6*

[34] *Pédagogue éducateur et penseur suisse (1746-1827)*

[35] *Psaumes 78 : 3*

méconduisent et se ruinent par manque des guides, ces personnes capables de les procurés les éléments nécessaires pour demeurer préventifs et informés face aux fléaux du temps.

Les filles perdent leurs virginités et ramassent de grossesses non-désirés en cascade et ruinent leurs vies par toutes sortes des pratiques, etc..., comme si elles étaient des *Melchisédek.* Veut dire, ni père et ni mère. La sexualité par exemple depuis plusieurs décennies chez nos parents purement africains, c'est-à-dire, qui vivent en Afrique ou ailleurs mais qui conservent encore les valeurs véritablement africaines malheureusement bafouées au fil du temps suite à l'invasion de l'eurocentrisme en Afrique noir est considérée comme tabou.

Et si nous fouillons dans le passé, nous remarquons qu'en Afrique antique aborder la sexualité à son enfant était lucidement une question d'abomination ou de honte. Veut dire, il fallait en dissimuler pour que l'enfant fasse sa découverte un peu plus tard lorsqu'il serait majeur disant pour question de pudeur. Or, à mon avis je crois que parler soi-même de la sexualité à son enfant est une prophylaxie extrêmement préventive pour ce dernier contre les fléaux du temps.

Mais aujourd'hui, malheureusement nous avons l'impression que c'est toujours la réitération de cette pédagogie empirique qui fonctionne encore dans nos familles. Je ne partage pas cette manière de procédé puisque je crois que cacher à l'enfant tout ce qu'il doit connaitre, sensible soit-il ou non, pour sa bonne marche et une croissance sécurisée, c'est *«un crime»* car vous le tuez à petit feu.

Donc, partant de ce fait, je crois qu'avant tout ils devraient être des *«guides»* jouant ainsi le rôle d'*«orienter»* les fruits de leurs entrailles, chose qu'ils possèdent de plus précieuses au monde dans la bonne direction tout en les revêtant suffisamment des armes adéquates, notamment : la connaissance de qui ils sont, les turbulences corporels et leurs antidotes tirés sur base de leurs expériences personnelles ainsi qu'en les épargnant également de leurs tressaillements conjugaux ou divorce lumineusement qui est d'ailleurs le géniteur de tous les autres maux qui les tourmentent comme préconisé initialement. Bah évidemment ! Etant donné que de là naisse la négligence, la délinquance à tous les degrés et autres qui sont en vrai que les attributs ou branches de ce séisme conjugal.

Comment procédé vous dites ? Voilà d'où je me glisse à aborder la troisième question qui portera sur : quelles sont les attitudes et responsabilités des parents à l'égard de leurs jeunes garçons et filles pour lutter contre cet éboulement ? C'est simple ! En effet, d'après moi je suppose que la meilleure chose à faire au préalable est de cherché à établir une complicité entre vous et ces derniers afin que vous soyez en mesure de les inculquer les valeurs morales, intellectuelles et spirituelles dont vous pensez être meilleures pour leur bonne croissance. Mais comment le faire ? Du calme ! Alors écoutez : vous ne pouvez pas résister à la corruption, l'irrévérence, la jalousie ou à la dislocation familiale pendant que vous-mêmes n'en êtes pas le pratiquant. Veut dire, un modèle parfait. C'est-à-dire que ces valeurs que vous lui transmettrez auront certes une influence sur lui qu'au moment où vous d'abord vous en montrerez l'exemple ou qu'il verrait ce que vous lui demandez d'accomplir ou d'être se faire chair en vous.

Les sages disent que : *«Les enfants nous guettent»*. Pour cette raison, si dans votre foyer par exemple vous ne passez pas un jour sans qu'il y'ait des querelles, sans que le séjour change son aménagement habituel et que vous n'êtes pas à la hauteur d'atténuer cette terreur au moyen d'un dialogue dans la douceur, comment voulez-vous que Peter et Jonathan agissent autrement lorsqu'ils deviendraient autonomes à leur tour ?

Naturellement l'enfant recopie ou imite toujours son entourage et cela dans le bien ou le mal. C'est pourquoi si les parents se battent constamment, s'injurient, se déchirent les habits et se balancent des casseroles pour la résolution d'une moindre affaire, certes, ces derniers auront aussi de la peine à faire autrement chez eux avec les leurs puisque c'est ce qu'ils ont appris de leurs mentors.

Sur ce, n'ayant pas d'autres options à leur vue, ils commenceraient à reproduire exactement la même chose. Ça ne serait pas de leur faute en vrai car, pour qu'un garçon essentiellement devienne un vrai homme, il a grandement besoin d'observer minutieusement un grand homme. Et on ne peut pas nier le fait que les garçons ne deviennent que le reflet de leurs pères au futur. Voilà pourquoi on dit que *«tel père, tel fils»*. Et comme nous l'apprenons aussi de Barbara Pierce BUCH[36] *«la maison est la première école de l'enfant, le parent est le premier enseignant»*, cela deviendra du coup une référence, un modèle parfait pour eux dans la résolution de leurs secousses conjugales puisque c'est ce qu'ils ont vécu au quotidien durant leur enfance dans leurs familles.

Aussi, un peu plus loin Maurice BERGER[37] nous fera découvrir que : *«...69% des adolescents très violents ont été exposés à des scènes de violences conjugales pendant les deux premières années de leur vie. Ils ont en eux l'image violente de leur père qui resurgit lorsqu'ils subissent une bousculade ou un*

[36] *Défunte Epouse du 43e président des Etats-Unis d'Amérique Georges Buch (1925-2018)*
[37] *Psychanalyse français*

mauvais regard.» Pour cette cause, il est à présent important de savoir que si aujourd'hui la jeunesse se retrouve dans ces conditions précaire, violentes et immorales, c'est justement suite à un groupe des parents inconscients qui ont failli à leurs diverses responsabilités. Ainsi, pour vous ayant encore la primauté sur vos enfants et surtout vivant avec eux sous le même toit, encore une fois, faites le nécessaire de montré, vous d'abord, le bon exemple avant de songé à celui des jeunes si vous voulez aboutir à la floraison d'un autre monde, un nouveau monde de la conscience, d'amour et de la réussite car, un jour certes vous rendrez compte de cette lourde responsabilité mise à votre entière disposition.

Ça n'a rien avoir avec le nombre de diplômes qu'ils obtiendraient ni les brillantes études qu'ils poursuivraient au futur comme je l'ai dit au début. Je pense qu'orienter l'enfant dans la bonne direction ne veut pas forcément dire l'inscrire à l'école ou à l'université comme le concevrait un groupe spécifique des lecteurs, étant donné que tous ces milieux éducatifs ne sont en réalité qu'une complémentarité de ce que Jemima et Pardonnez reçoivent déjà dans leur famille.

L'Ecole ou l'université tout le monde peut y aller sans problème. Mais je pense que la bonne orientation dont-ils auront grandement besoin serait votre caractère car, à mon humble avis un intellectualisme battu sur le manque de caractère ne constituerait qu'un empire de barbares. Mais le mieux serait d'un coté de revoir votre manière d'agir face aux diverses réalités dont vous faites face dans votre foyer, comment vous les surmontez et le traitement que vous subissez à leur mère. Comprenez que nos aïeux n'ont pas passé par ces dites *«orientation»* mais pourtant ils ont battit des générations meilleures et prospères d'où d'ailleurs la sagesse, l'intelligence, le respect ainsi que les vraies valeurs morales ont primées.

Du coup, cela constitue une sorte d'enseignement subliminal que vous inculquez dans leurs mémoires étant encore faible. Après quoi, toutes ces choses qu'ils voient et écoutent de vous créent dans leur subconscient une certaine atmosphère qui se manifesterait visiblement à un certain degré de la vie. Cela leur rabotent un comportement négatif soit positif et les donnent une certaine forme comme l'argile dans les mains d'un potier.

Faisant référence au chapitre sept *«Le Prix de la Mise à part»* faut-il rappeler aussi le rôle ou encore l'influence qu'exerce l'entourage de votre enfant dans sa vie dans la mesure où le père et la mère, agents chargés de son orientation n'y sont pas permanent ? Evidemment ! Puisque cette influence peut-être bénéfique ou néfaste. Malgré tout, même si cette influence s'exerce puissamment sur lui, étant donné qu'il serait cette maison construite sur un fondement rocailleux comme marqué à priori, cela ne l'écroulera pas finalement. C'est comme recevoir une dose de vaccin contre l'épidémie.

Sans me vanté j'étais l'un de plus brillants de ma promotion. J'étais super intelligent et était aussi orienté dans de bonnes écoles durant mon parcours scolaire. Plusieurs n'ont jamais cru finalement que je pourrais aussi être pervertit de la sorte. Pourtant, je n'avais nettement pris ma dose de vaccin. Par contre, ceux dont je prenais pour des abrutis finirent tranquillement leurs parcours. Pourquoi ? La différence était que peu importe leur bas niveau du point de vue intellect, ils avaient des guides permanant qui les orientaient et les faisaient découvrir la vie au vrai sens du mot à tel point que devant un danger, ayant le discernement ainsi que la connaissance tirée des expériences d'autrefois de ces derniers ils pouvaient l'éviter.

Je me suis embarqué plus tard aux humanités dans une compagnie périlleuse puisque je n'avais plus honnêtement quelqu'un de sûr qui pouvait me conduire de façon régulière vers une direction donnée de la vie et rester avec moi n'est fus-ce qu'une heure quotidiennement à me parler profondément de ce grand mystère et comment je devrais atteindre la réussite plus tard étant un jeune homme pas encore suffisamment armé.

Je n'ai point connu un père qui m'aurait parlé n'es fut-ce qu'une heure par jour de la vie dans toute sa profondeur et qui d'un côté demeure un *«oracle»*. Nous nous rencontrons par intermittence vu que nous ne demeurons plus ensemble sous le même toit suite à ce qui se passa au temps jadis. Je n'ai point connu un père qui m'aurait parler durant mon évolution de différents ravins dans la vie d'un adolescent pour que je n'aille pas à la dérive en cas de turbulences corporelles plus tard comme je venais de le dire précédemment, en me penchant particulièrement sur la question de la sexualité, ce sujet majeur et sensible dont nos parents purement africains ne nous abordent pas et qu'ils considèrent malheureusement tabou sous prétexte qu'il blesse la pudeur.

Dans l'ensemble, je n'ai point connu un père qui serait mon coach, mon mentor qui pourrait m'orienter vers une direction quelconque en se servant de son ancienne version comme repère. Je me débrouillais seul. En fait, j'étais comme une brebis n'ayant aucun berger. Et vous savez la suite d'une telle brebis ? Elle finit toujours par être pervertit par un groupe des boucs sauvages et finalement tombe dans le piège d'une bête féroce. Donc, il ne me suffisait pas seulement d'avoir un père au vrai sens du mot. Le mieux serait d'avoir plutôt un père qui serait présent pour moi, un père avec qui je pourrais rigoler, un père qui me relaterait ses expériences juvéniles afin que je ne marche pas sur ses empreintes sombres d'autrefois, un père qui serait mon meilleur ami avec qui je n'aurais pas la crainte d'aborder mes divers soucis.

En conséquence, l'absence de mon père au moment où je l'avais grandement besoin a fait que j'aille guetter ailleurs comment ça se passait et ouvrir mes oreilles un peu de tout...Néanmoins, si mon père m'était proche durant ma croissance et qu'il m'accorda son attention et affection, je ne crois pas que je commettrais ces grosses bêtises dont je regrette aujourd'hui, puisque peu importe sa capacité intellectuelle ou tout ce qu'il semble, un père reste toujours «une protection maximale» pour ses enfants. Veut dire, sa présence, ses expériences personnelles vécues durant sa jeunesse qu'il partage et ses petits conseils qui semblent parfois simple et frivoles forment sans le savoir un talus rocailleux pour l'enfant avisé et luttent contre l'éboulement juvénile.

Il en est de même de nos mères. Les jeunes filles meurent par manque d'un meilleur accompagnement féminin. De coutume, nous avons tendance à dire que les jeunes filles d'aujourd'hui sont très mal éduquées, elles n'écoutent pas et n'ont pas cette volonté de connaitre. Si elles ne savent rien et sont très mal éduquées, mais au départ qui les ont éduqués ? Les mères d'aujourd'hui sont comme des autruches. Elles ne se traumatisent point de l'inutilité de leur enfantement ni de leur soin. Elles abdiquent leurs enfants n'importe où et quand-t-elles veulent, oubliant les assauts du temps. Je trouve que plusieurs sont totalement dépourvues d'intelligence et de sagesse.

Elles n'ont pas suffisamment le temps de s'occuper convenablement de leurs foyers puisque vendre, voyager, se vêtir n'importe comment et paraître à la mode est leur seule préoccupation : des mères qui ne savent pas quand est ce que les enfants rentrent de l'école, font leurs devoirs, dorment, se réveillent et quittent la maison. La seule raison qui les unit n'est rien d'autre que le toit. Mais lorsqu'un problème arrive, ce sont les injures, la bagarre et on accuse innocemment la société ainsi que les sorciers oubliant que nous-mêmes parfois à nonante pourcents en sommes la vraie base ou agent causal.

Voici un fait choquant qui se déroula ce jour-là...Il sonnait déjà six heures de trente minutes passées en ce jour torride. Il faisait très chaud comme si l'on était dans l'atelier de Lucifer. J'étais à bord d'une *«Mercedes Benz 207»,* un vrai cercueil roulant dont le moteur dégageait un vrombissement mortel surnommé *«esprits des morts»* par les kinois et coincé par une grosse dame au visage fardé en route pour l'institut, quant au croisement des avenues *saïo* et *Triomphale* juste en diagonale du musée national, une jolie demoiselle aux apparences gracieuses vêtue d'une petite jupe en pagne et d'une espèce de blouse vérâtre qui faisait le marketing de ses tétons noirâtres, et d'un teint quasiment bronzé camoufler dans une peau totalement juvénile demanda au receveur qui sans cesse criait les itinéraires à tous ces gens dont les uns restaient debout sur le trottoir et les autres trouvant du repos dans les abribus de descendre dans une grande agitation.

Moi, j'étais assis derrière elle. Et juste au moment où elle s'est mise debout, puis souleva son pied droit pour sauter le banc qui était devant elle, presque tout le monde cria : *«eeeeeeeeeeeee»* au même moment comme s'il s'agissait d'une occasion raté dans un match de football. Illico, j'ai failli sursauter et mon cœur voulu s'arracher. J'ai cru qu'il s'agissait de moi, pourtant c'était la demoiselle en question qui s'était souillée.

Au fait, elle avait vue de manière surprenante ses menstrues. Elle était mouiller de sang ainsi que l'endroit d'où-t-elle était assise. Quel horreur *! Vous vous imaginez ?* J'ignore quelle a était sa suite étant loin de chez elle et pire encore sur le boulevard. A voir, c'était étonnant et honteux pour une jeune fille de plus d'une vingtaine d'années n'est pas connaitre comment elle fonctionnait et les mesures préventives à prendre.

C'est insensé. Mais je crois que la question que vous devez vous poser en premier c'est : pourquoi ? En réalité et au-delà de tous jugements, la vraie raison ou cause majeure tire son origine de ses encadreurs. Les parents devraient savoir que les enfants ont aujourd'hui besoin d'un (e) ami(e), puisque et comme l'a dit William Marrion BRANHAM que : *s'ils avaient un père et une mère qui accepterait de rester à la maison pour s'occuper d'eux au lieu d'aller courir les bars toute la nuit et des choses comme cela, il n'y aurait pas de délinquance juvénile.*

Aujourd'hui nous avons besoin de véritable mère comme Susanne Wesley. L'histoire nous rapporte qu'elle consacrait au maximum une heure chaque jour pour enseigner à ses enfants spécialement les saintes écritures. Elle n'avait pas besoin d'un emploi dans une société ni de faire de longues études pour réussir à bâtir un foyer imperturbable. Pour elle, la famille était la seule et meilleure société d'où elle était enthousiasmer d'investir. Cette pratique lui permit de connaitre ses dix-neuf enfants.

Selon elle, c'est aux parents que revenait la responsabilité de conduire leurs enfants dans la bonne voie de manière ferme afin de les préparés à une vie d'adulte plus assidue sur divers plan, autonome et équilibrée. Cette pauvre mère combien voulant le bonheur de ses enfants, elle opta de rester à la maison pour s'occupé, orienté les tiens et les transmettre les valeurs humaines. Mais surtout, elle tenait à ce que ses enfants connaissent Dieu et grandissent dans un environnement chrétien d'où l'on obéissait aux principes divins.

Partant de sa philosophie, de son vivant Susanne Wesley résolue que la rébellion et l'entêtement des jeunes étaient l'un des combats les plus difficiles à mener. D'où, selon elle les parents chrétiens précisément devraient impérativement s'armé et armer également leurs enfants dès leur enfance pour finalement tenir face aux fléaux du temps, la délinquance juvénile et la dépravation des mœurs.

Cette femme modèle avait compris que chaque enfant avait sans doute besoin d'une attention particulière. Pour cette raison, elle consacrait suffisamment du temps et donnait une attention scrupuleuse à chacun d'eux. Et voyez que de cette méthodologie, cette mère Aigle et non Autriche parvenue à donner au monde Charles et John Wesley, des grands hommes qui ont marqués le monde à leur temps par leurs grands talents musicaux et leurs écrits spirituels qui ont donné directive à des milliers de gens. Donc à mon avis, si cette fille avait connu une véritable mère qui serait son mentor, gynécologue, formatrice et meilleure amie à qui elle n'aurait guère la crainte d'aborder ses soucis, elle n'arriverait peut-être pas à ce point, car avec la connaissance ou l'information qu'elle aurait dû avoir de cette formatrice, certes qu'elle prendrait toutes les précautions possibles pour se prévenir de l'inattendue. Mais dommage que ce n'était pas le cas.

Mais chose malheureuse de voir qu'à notre ère le monde se concentre seulement sur cette philosophie commune qui stipule que la bonne éducation provient des enseignants ou des experts en cette matière. C'est une conception tout à fait tordue à mon avis. Les juifs par exemple ont compris depuis bien des années que leur force et survie ne résidaient que dans l'instruction, l'éducation de leurs enfants. Voilà pourquoi ils se sont impliqué rigoureusement non pas à les inscrivant seulement à la fac comme nous autres, mais plutôt dans la transmission des connaissances et valeurs humaines provenant d'eux-mêmes.

Et l'histoire nous fera découvrir que dans la tradition juive les parents eux-mêmes étaient les premiers vecteurs de l'éducation et spécifiquement la mère, qui a pleinement et spécialement la charge, la mission d'ouvrir à son enfant ce qu'il devrait réellement connaitre. Mais dommage de voir qu'aujourd'hui nos mères aimeraient bien gâtées leurs filles avec toutes sortes des sottises et non dans des choses prioritaires qu'elles rencontreraient dans l'avenir. Elles pensent qu'il suffit tout simplement de savoir comment noué son pagne, se décorer le visage et être forte en intimité constituent une protection maximale contre l'infidélité ou encore la dislocation conjugale. Or, nous avons aujourd'hui besoin des vraies femmes informées et préparées à cette tâche-là. C'est ainsi que dans les époques reculées et plus particulièrement en Israël préparé l'enfant au mariage était une question de formation.

Avant de s'engager conjugalement, les futurs mariés devraient impérativement suivre plusieurs séances d'apprentissage sur diverses épreuves rencontrées dedans et notamment sur la pureté familiale même s'ils n'étaient pas religieux. Cette formation était intégralement basée sur des valeurs et expériences personnelles vécues de leurs mentors. Ainsi donc, ils ne devraient s'y engagé qu'après avoir atteint suffisamment la maturité et assez de connaissances pour finalement affronter la vie du couple.

Ensuite, voyez que de cette pédagogie nos aïeux ont pu construire un monde parfaitement vivable qui n'avait pas de turbulence conjugale ni la dépravation des mœurs. Pourquoi ? Eux-mêmes étaient tout d'abord affermit, élevés sur base de cette pédagogie, et au travers du temps ils en transmettaient aux leurs. Ils étaient un modèle parfait pour ces derniers. Et à chaque tâtonnement, ces jeunes n'avaient nullement peur de se référer aux *«ont dits»* de leurs mentors nettement sur la vision de la vie conjugale.

Mais de nos jours nous logeons quoi sous nos toits ? On rencontre partout des filles aujourd'hui qui ne savent pas quand est-ce que leurs menstrues apparaissent et ce qu'il faudrait faire durant cette période, les avortements involontaires, la virginité qui s'envole pendant qu'elle n'a pas connu un homme par ignorance. Au regard de tout ça, je suppose que le manque d'information de nos parents est un facteur très puissant de risque propulsant aujourd'hui à un degré supérieur la contraction des grossesses précoces, les infections sexuellement transmissibles et tant d'autres fléaux dont fait face la société moderne et plus particulièrement la jeunesse. A cet effet, je crois qu'il est donc nécessaire de procéder à la propagation ou la vulgarisation de l'information basée non seulement sur des théories, mais aussi sur des expériences et évidences pour affronter les calamités du temps présent.

L'opinion générale suppose qu'il arrive aussi que la personne se connaisse soi-même en un moment donné et qu'elle n'a pas forcément besoin d'aide extérieur. Ok, c'est parfait. Vous avez peut-être raison. Mais à présent que ce n'est pas le cas pour Jessica, cette fille à peine douze ou treize ans, qui lui dirait qu'après la toilette il est conseillé de séché sa zone intime pour minimiser l'humidité ? Qui lui dirait que malgré la croissance d'invention vestimentaire le port des vêtements serrant est strictement à éviter pour la femme particulièrement car, l'humidité et les frottements qui y sont dues entrainent une légion des microbes qui sont selon la science d'une autre part la base des plusieurs infections vaginales ?

La mère n'a pas à chaque fois le temps suffisant de rester à la maison et assumé parfaitement ses responsabilités féminines comme Susanne Wesley à cette ère de prétendue précarité ou la femme cherche aussi à imposer. A toutes ces femmes, honte à vous. Tout ce qu'elle favorise ce sont les affaires d'argent, les retraites, les montagnes, etc..., oubliant leur priorité. Je ne condamne pas les femmes qui partent constamment dans les retraites, les montagnes ou au travail pour chercher ce qu'elles désirent. Je ne pense non plus qu'elles sont folles ou manquent à faire. C'est très bien tout ça ! Mais je crois tout simplement qu'au-delà de ça la véritable femme est appelée à des responsabilités extrêmement importantes. Cela devrait être son occupation prioritaire à laquelle elle devrait se plonger sans relâche.

Non, vous êtes sérieux ? Comment une véritable mère disparaitrait une, deux semaines dans les montagnes peu importe les avantages qu'elle s'en tirerait pendant qu'il y'a là un mari et des enfants qui l'ont extrêmement besoin ? Non, ne me dites pas que c'est pour une raison de prière, car la prière on peut la faire partout et avoir certainement ce que l'on désire si seulement on le fait en toute sincérité. N'est-il pas écrit dans la bible que : *«Si quelqu'un n'a pas soin de siens et principalement ceux de sa famille, il a renié la foi, et il est pire qu'un infidèle ?*[38]*»*. Susanne Wesley n'avait pas besoin de s'enfermer dans la grotte, se réfugier dans la brousse ou les montagnes pour faire ses prières. Je ne vous demande pas de devenir des Susanne Wesley, mais plutôt de lui prendre comme modèle dans la gestion du foyer. En dépit de ses nombrables taches, l'histoire nous relate que cette femme fervente programmait au jour le jour un temps d'intimité avec son créateur dans une des pièces de sa maison sur une chaise.

Dans ces conditions, je pense que passer plus du temps dans les montagnes pour faire ce qu'elles y partent faire c'est bien ; mais je crois aussi qu'en faire autant dans sa famille est le plus important puisque c'est à cela logiquement qu'elle fut appelée et aurait également. Donc, si vous n'êtes pas appeler à être une mère, restez simplement une femme ordinaire. Oui, car toute mère est une femme, mais pourtant toute femme n'est pas excessivement une mère, puisqu'en devenir contraint un certain remplissage des règles d'où l'occupation de sa famille généralement, l'éducation et l'orientation de ses enfants en particulier.

En définitive, après un tel éclaircissement je me demande ce qui pourrait bien retenir encore ce (tte) lecteur ou lectrice avisé(e) qui me lut à cet instant même dans la mer de l'innocence ? Alors que vous savez maintenant combien l'apport complet des parents dans la croissance de l'enfant est si nécessaire et qu'en dehors de cela il n'y a pas d'issue pour son déclin, mais aussi que si nous voyons la jeunesse dans l'état ou elle se trouve aujourd'hui vous devriez savoir que vous en êtes les vrais auteurs, cela vous pousserez je pense à une réflexion profonde car, comment les feuilles sècheront-elles si les

[38] *1 Timothée 5 :8*

racines sont enfoncées solidement et profondément dans la terre et qu'elles jouent également leur rôle qui est la transmission de la sève ?

Ainsi chers lecteurs, sachez maintenant que l'harmonie, la transparence, l'altruisme, l'attention, la tolérance et la paix dans la famille sont des attitudes ou comportements que vous devriez cultiver pour finalement transformer positivement les intentions et attitudes négatives de vos enfants. Souvenez-vous, nous avions dit qu'il fallait que vous d'abord vous soyez un modèle parfait, une évidence de ce que vous lui demandez d'être ou d'accomplir. La paix familiale spécifiquement est le seul moyen solide, l'antidote efficace qu'il nous faut aujourd'hui pour bâtir une jeunesse consciente et sans violence. La paix familiale certifie notre existence et elle est un moyen que chaque individu visant un futur prospère et reluisant doit manifester, mais aussi un langage que tout le monde devrait articuler au quotidien pour bâtir finalement une planète nouvelle dans tous les domaines.

Et pendant que nous avons encore un peu de force pour agir aujourd'hui, je crois que nous devons tous cimenter nos capacités nécessaires sur tous les plans, chacun dans sa sphère exerçant son rôle convenablement afin de sauvé cette jeunesse demeurant au jour le jour dans la rue sous le soleil accablant, les vents impétueux ainsi que les averses simultanées souvent suite à cette cause-là.

Sur ce, j'invite humblement les parents à rectifier à présent leurs erreurs du passé, se tonifier un nouveau comportement, adopté des nouvelles attitudes, des réactions dans la positivité et à faire de façon générale l'introspection de leur marche conjugale étant présentement éclairer par ce présent bouquin et acquérir une leçon de ces quelques tristes réalités dont font face ces derniers suite à leur implication involontaire dans leurs turbulences conjugales, alors qu'ils devraient être encore une fois de plus une sécurité maximale et non une exposition pour ces derniers, afin d'apporter une pierre dans l'édification d'une future jeunesse meilleure, d'une nation puissante et d'une planète nouvelle, car la fragmentation familiale est nettement le déclin de toute la civilisation. Voilà c'est qu'a était mon message pour toi qui viens de finir la lecture de cette fameuse œuvre.

Enfin chers lecteurs, je vous dis grandement merci d'avoir consacré votre précieux temps dans la lecture de ce présent ouvrage et dans l'espoir de vous rencontrer un jour et que nous aurons tous le sourire aux lèvres. Au revoir !

***

«Je n'ai guère le désir d'avoir réalisé un ouvrage assez parfait. C'est pourquoi je reste ouvert à toutes remarques ou suggestions de vous, mes lecteurs, en vue d'apporter une amélioration prochainement.»

L'Auteur !

Pour tout contact,
veiller écrire à mon compte
WathsApp aux : +243 89 037 14 40
ou à mon adresse Email :
pardonnezswalu@gmail.com

Table des matières

Printed by Books on Demand GmbH, Norderstedt / Germany